Jodocus Donatus Hubertus Temme

Schwarzort - Original-Roman

Jodocus Donatus Hubertus Temme

Schwarzort - Original-Roman

ISBN/EAN: 9783743442849

Hergestellt in Europa, USA, Kanada, Australien, Japan

Cover: Foto ©ninafisch / pixelio.de

Manufactured and distributed by brebook publishing software (www.brebook.com)

Jodocus Donatus Hubertus Temme

Schwarzort - Original-Roman

Schwarzort.

Original-Roman

von

J. D. H. Temme.

Dritter Band.

Berlin.

Verlag von Louis Gerschel.

1863.

Inhalt des dritten Bandes.

1.

Eine geniale Natur.

In dem freundlichen Stübchen des Hauses am Schapenwalle saßen drei Mädchen beisammen.

Sie waren alle drei wohl recht hübsch; man konnte sie sogar schön nennen; auch die arme Regine. Aber wie verschieden waren sie sonst!

Die arme Regine, die wir schon nannten, sie war eben ein recht armes und unglückliches Geschöpf. Verführt, von dem Verführer verlassen, war sie für das Urtheil der Welt schon jetzt nur der Schande, nur der Verachtung verfallen. Vielleicht nur ein einziges Herz in der ganzen Welt, das Herz, das Edmund Wasar als das bravste Herz auf der Welt wollte kennen gelernt haben, nur ihre Schwester Anna hatte nichts als die reinste, herzlichste Liebe, als das innigste Mitleiden für sie.

Marie Merlot, eigentlich das Mädchen der unbekannten Herkunft, ohne Namen, ohne Verwandte, ohne
Angehörige — auch ihre Lage war in diesem Augenblicke
keine beneidenswerthe. Sie hatte heimlich das Haus
verlassen, das ihr bisher das Vaterhaus gewesen war;
sie hatte mit dem Hause Alles verlassen, was sie bisher
als ihr Angehöriges auf der Welt betrachten konnte.
Sie hatte einem Glücke, der Verbindung mit dem Geliebten, entgegen gehen wollen. Sie war von dem Geliebten wieder getrennt worden; sie wußte nicht, wann,
oder ob sie jemals mit ihm wieder werde vereint werden;
sie durfte nie zu dem Hause zurückkehren, das sie verlassen hatte. Sie wußte ihren Geliebten in der Gefahr.

Anna Brinkmann allein hatte das frische, das fröhliche, das glückliche Herz. Edmund Wajar hatte ja noch
vor wenigen Minuten jene Worte zu ihr gesagt, daß
sie das bravste Herz sei, das er auf der Welt
kenne, und sie mußte immer und immer wieder den
kostbaren Brillantring betrachten, den sie von ihm
an ihrem Finger trug. Er, der Mann, für den ihr
braves Herz schlug, sein Bild, sein eigenes braves Herz
trat ihr ja immer und immer wieder aus dem glänzenden Stein entgegen. Und damit war das einfache,
fröhliche und unschuldige Mädchen zufrieden. Was
weiter kommen, was weiter werden solle, daran dachte
sie nicht. Wenn ein unschuldiges, liebendes Herz daran

denken soll, dann muß das Unglück schon dicht neben ihm stehen.

Nur Ein Gedanke konnte das Glück der braven Anna stören, und der Gedanke kam über sie, wenn sie in das blasse, leidende Gesicht ihrer Schwester Regine blicken mußte. Der arme Vater freilich auch! Aber mit dem Gedanken war sie ja aufgewachsen, sie hatte es nie anders gekannt, es konnte nie anders werden. Da war nur noch eine mitleidig sorgende, stille Liebe in ihrem Herzen, zu dem mitunter die Angst trat, wenn der Wahnsinn aus dem Greise heftiger herausbrach.

Die drei Mädchen saßen still beisammen. Wovon sollten sie sprechen? Die beiden Töchter des Fischers kannten die Tochter des vornehmen Herrn Morlot zu wenig; diese hatte sie heute zum ersten Male gesehen, sie war ihnen eine Fremde. Was sie sonst von einander wußten, durften, konnten sie es einander mittheilen? Marie Morlot wußte auch vielleicht nicht einmal, daß ihr Bruder Adalbert die beiden Schwestern jemals ge= sehen habe.

So saßen sie alle Drei still beisammen, jede beschäf= tigt mit ihren Gedanken, deren jede genug hatte, und mit ihren Erwartungen und Sorgen, deren sie vielleicht noch mehr hatten.

Die Stille des Schweigens wurde unterbrochen.

Draußen vor dem Hause wurde ein Schritt gehört. Er nahte sich dem Hause, der Hausthür.

Der Herr Wasar! rief Anna.

Sie wollte aufspringen, ihm entgegenzueilen, ihm die Hausthür zu öffnen.

Das ist nicht Wasar, sagte Regine.

Sie war bleicher geworden.

Wer sollte es denn sein? fragte die jüngere Schwester. Sie erhielt keine Antwort, aber sie sah das fast leichenblasse Gesicht Reginens.

Um Gott, Regine, was ist Dir?

Aber wie sie es gefragt hatte, wußte sie auch schon, was es war, und wer da draußen war.

Ihr Blick flog unwillkürlich, ängstlich weiter zu der Fremden.

Sie hatte sich aber auch in demselben Augenblicke gefaßt.

Ich werde nachsehen, wer da ist. Bleibe Du hier bei dem Fräulein, Regine.

Regine hätte ohnehin nicht gehen können, sie war bebend auf ihren Stuhl zurückgesunken.

Wer ist da? fragte auch Marie. Droht hier Gefahr?

Sie sah die bleichen Gesichter der beiden Schwestern, die bebende Gestalt der Einen.

Nein, mein Fräulein! sagte Anna.

Aber auf einmal schrak sie heftig zusammen.

Draußen wurde an das Fenster des Stübchens geklopft.

Regine! rief eine Stimme.

Und nun flog auch Marie in die Höhe und sie wurde bleicher als die beiden Schwestern.

Mein Bruder Adalbert! Er sucht mich. Ich bin verloren! Was fange ich an?

Ruhig, ruhig! Um Gotteswillen, ruhig, Fräulein! Rühren Sie sich nicht.

Anna sagte es. Sie stellte sich vor das Fräulein, daß man diese vom Fenster her nicht sehen konnte.

Regine war aufgestanden. Sie hatte sich erheben können.

Bleibe Du hier, sagte sie ruhig, bestimmt zu der jüngeren Schwester. Ich muß mit ihm sprechen.

Sie kennen ihn? fragte Marie Morlot.

Ja.

Schon lange? wollte sie noch fragen.

Aber sie konnte die Worte nicht mehr über ihre Lippen bringen.

Sie sah das tiefblasse und doch so feste und entschlossene, in diesem Augenblicke so würdige, erhabene und ruhige Gesicht Reginens; sie sah auf einmal die ganze Gestalt der Unglücklichen.

Mein Gott! sagte sie leise für sich, und sie mußte

das plötzlich erschrockene und geängstigte Gesicht mit beiden Händen bedecken.

Regine verließ das Stübchen.

Folgen wir ihr.

Die Hausthür war von innen verriegelt.

Regine schob den Riegel zurück, leise, damit ihr Vater nichts höre. So öffnete sie dann die Thür.

Adalbert Morlot stand in der Finsterniß vor ihr.

Bist Du allein, Regine?

Wie Du siehst, ja.

In der Stube ist Anna?

Ja.

Wo kann ich Dich allein sprechen?

Was willst Du von mir?

Ich habe Dir etwas Dringendes mitzutheilen.

Ich muß es erfahren?

Du mußt es erfahren. Es betrifft Dich, mich, Dein Kind.

Regine sann einen Augenblick nach.

Ich komme zu Dir hinaus.

Sie trat zu ihm hinaus. Sie lehnte die Thür hinter sich an.

Nun, was willst Du?

Regine, ich war lange nicht hier.

Ich hatte Dich auch heute nicht erwartet. Ich hatte erwartet, Dich nie, Dich gar nicht wiederzusehen.

Du haſt mich für ſchlecht gehalten, Regine.

Für ſchlechter, als Du biſt?

Ja, Regine. Du glaubteſt Dich von mir ganz verlaſſen, vergeſſen und verlaſſen, Dich und Dein Kind —

Und das Deinige.

Und das meinige. Ich leugne es ja nicht. Ich
habe Euch nicht vergeſſen. Ich habe Euch nie vergeſſen.
Ich konnte Dich nur nicht heirathen. Nur das Eine
war unmöglich, ſelbſt um Deinetwillen unmöglich. Welch'
eine Exiſtenz hätteſt Du in meiner Familie gehabt? Es
war nun einmal ein Unglück.

Ein Unglück? zuckten verächtlich die Lippen des armen
Mädchens auf. Aber fahre fort und mache es kurz.
Was willſt Du heute von mir?

Ich will Dir einen Beweis geben, daß ich Deiner
und unſeres Kindes nie vergeſſen habe, daß ich auf
Dein Unterkommen und ſein Fortkommen bedacht geweſen bin.

Komme zur Sache.

Du ſollſt heirathen, Regine.

Wie?

Höre mich mit Ruhe an. Ich bitte Dich bringend
darum. Ich kenne Dich. Du wirſt bei meinen erſten
Worten auffahren, heftig werden; Du wirſt dann nichts
weiter hören wollen. Aber höre mir ruhig bis zum
Ende zu — darum bitte ich Dich — Du wirſt dann

einsehen, wie gut ich es mit Dir meine, wie ich nur Dein wahres Glück will. Wirst Du mir versprechen, ruhig zu sein?

Das Mädchen war ruhig; sie konnte es bleiben. Sie hatte ihn schon lange mit Verachtung angesehen.

Höre, Adalbert Morlot, sagte sie, Du Mann mit dem schlechten, falschen Herzen, nach dem, wie Du da Deine Worte eingeleitet hast, brauche ich eigentlich gar nichts weiter von Dir zu hören. Du kannst mir nur Schlechtes sagen. Aber sprich. Ich werde Dich mit voller Ruhe anhören, vom Anfang bis zum Ende. Ich muß wissen, wie weit Deine Schlechtigkeit geht. Sprich!

Adalbert Morlot, der brave, geniale Sohn des Vergötterers Charles Morlot, war nicht der Mann, der sich leicht in Verwirrung bringen ließ.

Ich finde Dich in einer verständigen Stimmung, Regine, sagte er. Sie wird mir auch helfen, Deine Vorurtheile zu besiegen, die Du noch gegen mich hast. So höre mir zu. Heirathen kann ich Dich nicht. Die Gründe habe ich Dir früher ausführlich auseinandergesetzt, ich habe sie Dir so eben noch kurz zusammengefaßt. Um so mehr liegt mir daran, Dir eine glückliche Zukunft zu sichern, Dich wieder zu Ehren zu bringen, Deinem Kinde einen Vater zu verschaffen. Ich kann es. Ich war heute in Memel. Ich komme in diesem Augenblicke von da zurück. Du mußt heirathen, Regine.

Hier kannst Du nicht bleiben, um Deinetwillen und
auch um meinetwillen nicht. Da habe ich in Memel einen
Mann für Dich gesucht. Dort kennt Dich Niemand.
Es ist ein ordentlicher Mensch, den ich Dir ausgesucht
habe, auch ein hübscher Mensch. Er paßt in Allem zu
Dir. Er ist Tischlergeselle. Es fehlt ihm nur an Geld,
um sofort Meister zu werden. Er bekommt von mir
die erforderliche Summe dazu. Ich kaufe ihm außerdem
ein Haus und einen Garten. Ich gebe ihm im Ganzen
zweitausend Thaler. Dafür heirathet er Dich und
erkennt Dein Kind für das seinige an. Am nächsten
Sonntag kann das Aufgebot erfolgen, in drei Wochen
die Hochzeit — falls Du einverstanden bist. Ich hoffe,
Du wirst es sein. Eine Aussteuer für Dich gebe ich
noch besonders. — Nun, Regine, Du hast mich ruhig
angehört, wie Du mir versprochen hattest. Theile mir
jetzt eben so ruhig Deine Antwort mit. Ich muß sie
noch am heutigen Abend haben.

Und Du sollst sie haben, Adalbert Morlot, sagte das
Mädchen.

Sie hatte ihm mit voller äußerer Ruhe anhören
können. Wie es in ihrem Innern gestürmt haben mochte,
wie das Herz sich ihr hatte zerreißen wollen, nicht in
Liebe — wie konnte noch ein Funke von Liebe zu einem
solchen Menschen in ihrem Herzen sein — aber in Scham
und in Zorn — ihr Gesicht, ihr ganzer Körper hatte

krampfhaft aufgezuckt, sie hatte ihre Hände gewaltsam auf das Herz pressen müssen, um den Schmerz, den Zorn zu stillen, die es zu zerreißen, zu zersprengen drohten. Sie konnte ihm ruhig, mit der ganzen Größe ihres edlen Herzens ihre Antwort geben.

Du sollst sie haben, wenn Du nicht schon selbst sie Dir gegeben hast. Du meintest, oder Du sagtest vorhin, ich glaubte Dich schlechter, als Du seiest. Du bist tausendmal schlechter, als ich Dich glaubte. Da hast Du meine Antwort, und nun verlaß mich.

Sie wollte in das Haus zurückkehren.

Er hielt sie.

Regine —

Geh! rief sie strenge. Oder ich rufe den Vater herbei, und Du bist ein Kind des Todes.

Er hielt sie dennoch.

Regine! Ich bin ein unglücklicher Mensch. Habe Erbarmen mit mir.

Du unglücklich? Ich Erbarmen mit Dir?

Sie war unwillkürlich stehen geblieben.

Er nahm ihre Hand.

Sie riß sie los. Sie schleuderte seine Hand zurück. Aber sie hörte ihn an, als er weiter sprach. Es war so natürlich.

Ja, Regine, ich bin unglücklich, und Du bist edel, Du bist großmüthig. Ich liebe, Regine, und ich werde wieder geliebt. Du mußt es einmal erfahren. Du sollst Alles erfahren. Dann wirst Du mir verzeihen und mich nicht unglücklich machen wollen, wie ich leider Dich unglücklich gemacht habe. Höre mich noch einmal mit Ruhe an, Regine.

Ich werde es. Sprich!

Ich liebe Marie, die die Welt für meine Schwester hält, die es aber nicht ist —

Marie? Marie? mußte das Mädchen rufen. Großer Gott — Marie?

Und sie liebt mich wieder!

Mensch! fuhr das entrüstete Mädchen auf. Unmensch! Gemeiner, niederträchtiger —

Lügner! wollte sie sagen. Aber sie drängte das Wort zurück. Sie hatte sich plötzlich gefaßt.

Sprich weiter, sagte sie ruhig.

Er sprach weiter:

Ich hatte Marie für meine Schwester gehalten, sie mich für ihren Bruder. Vor einem Vierteljahre etwa entdeckten die Eltern uns, daß wir nicht Geschwister seien, daß Marie ein armes, fremdes, eltern= und namenloses Kind sei, dessen sie sich schon bald nach seiner Geburt angenommen hatten. Marie und ich hatten uns als Geschwister zärtlich geliebt. Du hast davon gehört, welche innige Familienliebe in unserem ganzen Hause herrscht. Jene Entdeckung traf uns Beide mit

einer wunderbaren Gewalt. Zu meiner Liebe für sie
trat das Mitleid mit dem armen, verlassenen Kinde
hinzu; zu ihrer für mich die Dankbarkeit. Kurz, die
Geschwisterliebe verwandelte sich in uns Beiden in eine
andere Liebe, in eine starke, mächtige, unvertilgbare Lei=
denschaft. Ich konnte nicht dafür, Regine. Auch sie
konnte es nicht. Wir können auch jetzt diese Leiden=
schaft nicht aus unseren Herzen reißen. Wir werden es
nie können. Wir sind Verlobte; meine Eltern haben
unseren Bund gesegnet. Wirst Du uns unglücklich
machen wollen, Regine? Ich sagte es, Du hast ein groß=
müthiges, ein edles Herz. Laß es sprechen für mich,
für sie. Ich bitte, ich beschwöre Dich, Regine.

Er hatte wieder ihre Hand gefaßt, ihre beiden Hände.

Sie ließ sie ihm. Sie war ruhig geblieben.

Adalbert, sagte sie ihm in ihrer Ruhe, willst Du
hier ein paar Augenblicke auf mich warten?

Was willst Du, Regine?

Ich muß in's Haus.

Und was willst Du dort?

Ich bin gleich wieder bei Dir.

Darf ich hoffen, Regine?

Ich werde Dir meine Antwort bringen.

So geh!

Sie ging in das Haus, sie kehrte in das Stübchen
zu ihrer Schwester und zu Marie Morlot zurück.

Sie hatte einen Entschluß gefaßt, freilich wohl erst einen halben. Mit ihm trat sie vor Marie Morlot.

Marie sah ihr an, daß ihr etwas Besonderes begegnet sein müsse.

Mein Bruder ist da? rief sie.

Der Herr Adalbert Morlot ist da.

Und er sucht mich? Er will mich mit sich zurücknehmen?

Er weiß nicht, daß Sie hier sind, Fräulein. Aber darf er es erfahren?

Warum sollte er?

Fräulein, ist der Herr Adalbert Morlot Ihr Bruder?

Mein Gott, woher wissen Sie —? Was hat er Ihnen gesagt?

Er hat mir gesagt, daß er nicht Ihr Bruder sei.

Zu welchem Zwecke? Was wollte er damit?

Er hat mir ferner gesagt, daß er Sie heirathen werde, und darum hat er mir auch jenes gesagt. Sie seien Verlobte; er liebte Sie; Sie liebten ihn; schon lange. Und, Fräulein, Sie sollen, Sie müssen Alles wissen. Und das Alles sagte er mir, um mich zu bitten, daß ich Sie, daß ich ihn nicht unglücklich machen möge, damit ich meine Ansprüche an ihn aufgeben solle —

Marie Morlot war aufgesprungen. Sie war ein klares, edles Herz, das in so manchen Lagen und Verhältnissen des Lebens von früher Kindheit an sich seine

Ruhe zu bewahren, sich zu beherrschen hatte lernen
müssen. Aber was ist für ein braves Herz alle Ruhe,
aller äußere Zwang, wenn das empörende Unrecht, wenn
die offene, freche Lüge, die baare, nackte Gemeinheit und
Niederträchtigkeit zu ihm herantritt?

Er ist ein schlechter Mensch! rief sie. Ein gemeiner
Lügner, ein elender, niederträchtiger Bösewicht!

Ja, Fräulein, sagte Regine, das ist er. Gegen mich
war er es; gegen Sie will er es werden. Ich solle
Sie nicht unglücklich machen, bat er mich. Sie sollen
es nicht werden, nicht durch ihn. Darum mußte ich
Ihnen sagen, was ich Ihnen gesagt habe. Es ist mir
sauer und schwer genug geworden, für Sie und für
mich. Aber ich war es Ihnen schuldig. Ich weiß ja
nicht, ob Sie nicht dennoch in das Haus des Menschen
zurückkehren möchten, oder gar zurückkehren müßten.

Nie, nie! rief Marie. Jetzt nie! Lieber will ich
mein Brod als niedrige Arbeiterin verdienen. O, wie
viel verdanke ich Ihnen, Sie Arme, Unglückliche! Ja,
ich weiß, ich begreife jetzt Alles.

Regine schüttelte den Kopf.

Alles wissen Sie noch nicht, Fräulein. Aber Sie
müssen es wissen. So erfahren Sie denn auch, warum
er noch in so später Nacht hier ist, was er von mir
wollte. Er kommt geradewegs von Memel. Er hat
dort, damit ich seiner Heirath mit Ihnen nicht in den

Weg trete, für mich einen Mann gekauft, für mein Kind
einen Vater, für mein und sein Kind, für sein eigenes
Kind —

Das arme Mädchen konnte vor Schmerz und Zorn
und Thränen nicht weiter sprechen. Sie hatte lange,
draußen dem elenden Menschen gegenüber, sich bekäm=
pfen müssen. Sie konnte es nicht mehr. Es brach ge=
waltsam aus ihrem Innern hervor, was sie gewaltsam
darin hatte verschließen müssen.

Die beiden anderen Mädchen mußten mit ihr weinen.

Aber dann gewann sie doch wieder die Herrschaft
über sich.

Fräulein, ich war zugleich mit einer Bitte zu Ihnen
gekommen. Ich hatte äußerlich seinen Worten Glauben
geschenkt. Darf ich ihm sagen, daß er ein Lügner ist,
daß er jedes Wort über Sie frech gelogen hat?

Auch in Mariens Auge blitzte plötzlich ein Entschluß,
und es war ein ganzer.

Er ist noch da? fragte sie.

Er ist noch da und erwartet meine Rückkehr.

Sie hatten ihm versprochen, zurückzukommen?

Um ihm meinen Entschluß zu überbringen.

Ich werde ihm Ihre Antwort bringen, die Ihrige,
die meinige. Der Elende! Er soll vernichtet werden,
wenn ein solcher Elender zu vernichten ist. Kommen Sie.
Begleiten Sie mich. Gehen wir auf der Stelle zu ihm.

Sie war in dem ganzen Zorne eines braven, em=
pörten Herzens.

In dem Herzen Reginens war zu dem edlen Zorne
die Verachtung hinzugetreten.

Beide konnten sie dem Drange ihrer Leidenschaft
nicht widerstehen.

Sie verließen die Stube; sie traten in die Haus=
thür, vor das Haus.

Adalbert Morlot war nicht mehr da.

Ein großer, starker, häßlicher Mensch, das Gesicht
von Narben zerrissen, stand vor der Thür, auf der
Stelle, an der Regine Brinkmann den Herrn Adalbert
Morlot verlassen hatte.

Er sah mit durchbohrenden, feindlichen Augen die
beiden Mädchen an.

Sie flogen mit einem lauten Schrei in das Haus
zurück. Sie schlugen die Thür hinter sich zu.

Hinten im Hause öffnete sich eine andere Thür.

Der alte wahnsinnige Brinkmann stand darin. Er
hatte den Schrei und den Schlag gehört.

Wer ist da? Was giebt es da? rief er.

Nichts, nichts, Vater! antwortete ihm Regine.

Beide eilten in ihr Stübchen zurück.

An die Hausthür wurde von außen heftig gepocht.

2.

Ein verlorenes Kind.

Ich stehe am Ziele, sagte Edmund Wasar zu sich selber. Alles stimmt auf das genaueste zusammen. Die Zeit, der Ort, die Namen, die Persönlichkeiten, die Verhältnisse. Für mich ist kein Zweifel mehr. Doch, doch, noch Einer. Welche von den Beiden ist meine Schwester? Marie? Anna? Möchte Marie es sein! Sie sind Beide so brav, so liebenswürdig! Ich liebe sie Beide. Aber doch die Eine anders als die Andere. Und doch wollte ich auch die Eine heute noch heirathen! Heute Mittag! Und heute Abend, jetzt, könnte es nur die Andere sein. Das menschliche Herz ist ein sonderbares Ding, eigentlich nur ein närrisches, das nie so recht weiß, was es will. Der Kopf müsse ihm denn zu Hülfe kommen, sagen die Leute. Der Kopf? Was weiß er für das arme närrische Herz? Etwa die Phrase von der Stimme der Natur? Pah, nach dieser Stimme der Natur, die so laut zum Herzen sprechen soll, wäre vor vierzehn Tagen keine der beiden Mädchen meine Schwester gewesen; dann wäre es die kleine Anna gewesen; jetzt wäre es wieder die Marie. — Aber Teufel, was fällt mir da ein? Wer wäre denn jener häßliche Mensch mit dem zerrissenen und zerfurchten Gesichte? Sein bloßer, flüchtiger Anblick jagt mir schon Entsetzen, Abscheu ein. Es wäre der einzige Mensch, vor dem ich mich fürchten könnte. Ah, und wäre nicht gerade diese Furcht jene Stimme der Natur? Der entsetzliche Mensch wirklich mein Vater? Dieses Abbild eines Lumpen, eines Betrügers, eines Mörders, eines gemordeten Mörders? Aber stimmt denn nicht auch da Alles? Alle meine Nachrichten? Pfui Teufel! — Toms Kurszat!

Edmund Wasar war unruhig geworden, unter dem Eindrucke eines lebhaften Abscheues, der ihn ergriffen hatte. —

Er war auf dem Wege von dem Sandhügel, an dem er den litthauischen Dieb getroffen hatte, zum Schapenwalle. Der Dieb begleitete ihn.

Toms Kurszat! rief er seinem Begleiter zu.

Toms Kurszat antwortete nicht. Er hatte selbst etwas auf dem Herzen, was ihn schwer genug drückte. Er ergriff die Gelegenheit, sich das Herz zu erleichtern.

Herr, wohin führst Du mich?

Du wirst es sehen, Bursch. Antworte mir vorher auf einige Fragen.

Herr, an dem Schapenwalle ist es nicht geheuer. Seit zwanzig Jahren meiden die Leute die Gegend.

Wasar fand es angemessen, auf die Gedanken des Diebes einzugehen.

Auch Du warst also seit zwanzig Jahren nicht da?

Mit keinem Fuße, Herr.

So wirst Du heute seitdem zum ersten Male Deinen Fuß dahin setzen.

Herr, der Wahnsinnige führt ein geladenes Gewehr bei sich, wie die Leute versichern. Und ein Wahnsinniger sieht nicht erst lange zu, auf wen er schießt.

Beruhige Dich, Tom Kurszat, zu dem Wahnsinnigen werde ich Dich nicht führen.

Zu wem denn, Herr?

Zu dem Blatternarbigen, Bursch, zu dem, dessen Ermordung Du mit ansahest.

Herr, zu dem? Ich bitte Dich, bei Deinem Vater —

Hm, bei meinem Vater! — Fürchtest Du wirklich den Menschen so, Toms Kurszat?

Ich muß zittern, wenn ich an ihn denke. Bringe mich lieber zu dem Wahnsinnigen.

Du kannst auch zu ihm kommen. Aber höre, Bursch, ist der Mensch wirklich derselbe, den Du vor zwanzig Jahren unter den Händen jener Mörder sahest?

2*

Ich habe ihn bestimmt wieder erkannt, Herr.

Besinne Dich genau. Wie konnte der Mensch nach dem Allem am Leben bleiben?

Es ist mir selbst ein Räthsel.

Und wie wäre er erst nach zwanzig Jahren, nach so langer Zeit zurückgekehrt?

Hm, Herr, darüber weckst Du einen besonderen Gedanken in mir. Ich selbst habe in den zwanzig Jahren die meiste Zeit in Zuchthäusern zugebracht —

Und Du meinst, so habe es auch mit ihm sein können?

Er sieht wohl danach aus, Herr.

Nun, wir werden es ja erfahren. Wenn er auch Dich wieder erkennt, wie Du ihn —

Herr, es würde mein Tod sein. Ich habe eine erschreckliche Angst vor dem Menschen. Ich beschwöre Dich —

Es giebt furchtsame und muthige Diebe. Die frechsten und verwegensten sind oft die furchtsamsten.

Edmund Wasar und sein Begleiter hatten die kleine Schlucht, in der das Brinkmannsche Haus am Schapenwalle lag, erreicht. Die Schlucht wurde von kleineren Sandhügeln gebildet, die gruppenweise vor dem höheren Walle emporstiegen. Zwischen ihnen lag das Haus.

Sie wollten in die Schlucht hineingehen.

An ihrem Eingange begegnete ihnen Jemand, der eilig aus der Schlucht, von dem Hause her, kam.

Er erschrak, als er plötzlich vor den Beiden stand. Er schien im ersten Augenblicke zurückkehren zu wollen. Dann besann er sich aber, bog sein Gesicht zur Seite und eilte an den Beiden vorüber. Er hatte von ihnen nicht erkannt sein wollen.

Edmund Wasar hatte ihn dennoch erkannt.

Er hätte sich beinahe von einem plötzlichen Zorne, der ihn ergriff, hinreißen lassen. Es mußte ein schwerer, heftiger Zorn sein. Aber er behielt die Ruhe und Besonnenheit bei, die mit dem wahren entschlossenen Muthe stets verbunden sind.

Was hat der Schurke hier gewollt? Was hat er ausgeführt? Sollte er auf der Spur Mariens sein? Ich muß es wissen. Zu allererst! — Toms Kurzat, der Mensch, den wir suchen, kann nur da hinten oben auf dem Walle oder hier unten in dem Hause sein?

Ich suche ihn nicht, Herr, sagte der Litthauer.

Antworte auf meine Frage, Bursch.

Wenn er nicht fort ist, Herr, so wird es wohl sein, wie Du sagtest.

So wirst Du am Walle Wache halten, während ich in das Haus gehe —

Ich allein, Herr?

Ich denke, und wenn Du ihn siehst, wirst Du mir

sofort melden ——. Aber ich glaube, es wird nicht mehr nöthig sein. Da steht er schon.

Sie waren im Sprechen weiter gegangen. Sie befanden sich in der Schlucht, zwischen den Sandhügeln nahe an dem Hause.

An dem Hause, unmittelbar vor der Hausthür stand ein einzelner Mensch. Er stand ruhig da. Er schien in das Haus hineinzuhorchen.

Wasars scharfe Augen hatten ihn erkannt.

Du kannst mit mir zum Hause gehen, sagte er zu seinem Gefährten.

Auch der Dieb erkannte den Menschen.

Herr, Herr, muß es sein?

Zum Teufel, Bursch, wenn Du jetzt noch ein einziges Wort sprichst, so überliefere ich Dich ihm, als einen seiner Mörder und lasse Dich im Stich, und er kann mit Dir machen, was er will.

Der Dieb schwieg.

Sie gingen zusammen zu dem Hause, auf den Menschen zu, der an der Hausthür stand.

Der Mensch hatte sie kommen hören. Er wandte sich nach ihnen um. Er erwartete sie ruhig.

Im Hause schien es still zu sein.

Edmund Wasar trat an den Menschen heran.

Toms Kurszat hielt sich hinter ihm.

Der junge Amerikaner besah sich den fremden Mann.

Wäre dieser entsetzliche Mensch wirklich mein Vater? hatte er sich vor wenigen Minuten mit Entsetzen fragen müssen. Er betrachtete ihn genau, scharf, prüfend, schweigend. Wie laut es in seinem Innern reden mochte? Es war in der That ein entsetzlicher Mensch, dem er gegenüber stand.

Die Blatternarben, die in dem grauen Gesichte wie ausgesäet lagen, die lange, breite, blutrothe Narbe, die sich fast durch das ganze Gesicht zog, sie ließen wenig Züge, wenig Ausdruck in diesem Gesichte erkennen; aber was sie sehen ließen, trug den Stempel der Gemeinheit und Verkommenheit. Und dabei waren die Augen so stechend, so falsch, so boshaft und hinterlistig.

Edmund Wasar hatte das stechende, lauernde und dann plötzlich wilde Blitze schießende Auge des Herrn James Morlot gesehen. Aber welch ein Unterschied zwischen dem Memeler Handelsherrn und diesem Menschen, der ihn so nahe angehen sollte.

Edmund Wasar gebot seinen Gefühlen.

Er trat ruhig an den Menschen heran.

Guten Abend, mein Herr!

Guten Abend, erwiederte der Fremde kurz.

Wasar war vielleicht in der ganzen Welt zu Hause, und so kannte er Vieles, an Sprachen, wie an Anderem.

Sir, sprach er englisch, Sie sind ein Engländer?

Ich spreche wenigstens Englisch! antwortete in dieser Sprache der Fremde.

Sie redeten in der nämlichen Sprache weiter.

Darf ich fragen, Sir, was Sie in dieſe Gegend, zu dieſem Hauſe führt?

Er fragte es höflich, wie er den Menſchen ange- redet hatte.

Dieſer ſchien doch auffahren zu wollen.

Darf ich fragen, Sir, welches Recht Sie zu dieſer Frage haben?

Die Bewohner des Hauſes ſtehen mir nahe.

So, Sir! Und in welcher Weiſe, wenn ich fragen darf?

Dam, Sir, ich wüßte nicht, welches Recht Sie zu dieſer Frage haben könnten.

Die Bewohner dieſes Hauſes ſtehen auch mir nahe.

So, Sir? Und in welcher Weiſe, wenn ich das wieder fragen darf? Aber ich richte die Frage nicht an Sie. Wir kämen in einen Zirkel hinein, aus dem wir nicht wieder heraus könnten. Eine andere Frage dafür, Sir. Sie waren ſchon einmal in dieſer Gegend?

Der Fremde ſtutzte, dann ſah er mißtrauiſch den jungen Mann an, der vor ihm, darauf den Litthauer, der hinter dem jungen Mann ſtand. Seine Hand fuhr unterdeß in ſeinen Buſen.

Toms Kurhat hatte wie instinctmäßig sein Gesicht abgewandt.

Edmund Wasar sah die Bewegungen des Fremden. Er lächelte ruhig und langte in seinen Busen.

Sie fürchten sich, Sir? Sie haben keine Ursache. Hier, Sir. Lassen Sie Ihre Waffe ruhig stecken. Hier, haben Sie die meinige dafür.

Er hielt ihm seinen sechsläufigen Revolver hin.

Der Fremde zog seine Hand von der Brust zurück, ohne eine Waffe. Er nahm auch die ihm dargebotene Waffe Wasars nicht an. Beschämt war er indeß nicht. Er sah den jungen Amerikaner höhnisch, verächtlich an, als wenn ein großer Tugendnarr vor ihm stehe.

Sie haben Recht, Sir, sagte er. Ich habe keine Ursache, mich vor Ihnen zu fürchten. Und was Ihre Frage betrifft, die letzte nämlich, so habe ich das Ver=gnügen, Ihnen zu antworten, daß ich in der That schon einmal hier war.

Vor zwanzig Jahren, Sir? fragte Wasar.

Vor zwanzig Jahren, Sir. Sie scheinen etwas von mir zu wissen. Kennen Sie vielleicht auch meinen Namen, Sir?

Nein, Sir.

Hätten Sie aber vielleicht die Güte, mich mit dem Ihrigen bekannt zu machen?

Warum nicht, Sir? Edmund Wasar ist mein Name.

Aus —, Sir?

Aus Newyork, Sir. Dürfte ich Sie nun aber auch um Ihren Namen bitten?

John Watson, Sir.

Aus —, Sir?

Aus London.

Edmund Wasar war bei dem Namen des Fremden vollkommen so ruhig geblieben, wie dieser bei dem des Amerikaners. Sie schienen einander zwei völlig fremde Menschen zu sein. Eine Verstellung hätte der erfahrenste Menschenkenner nicht in dem einen, nicht in dem anderen Gesichte lesen können.

John Watson, der Engländer, fuhr fort:

Sir, wären Sie jetzt auch so freundlich, mir zu sagen, was Ihnen von meinem früheren hiesigen Aufenthalte bekannt ist?

Ei, Sir, lachte Edmund Wasar, mich dünkt, da wäre das Mittheilen wohl an Ihnen. Sie waren damals dabei, wahrscheinlich gar die Hauptperson dabei. Und ich war zu jener Zeit ein Kind, wahrscheinlich kaum fünf oder sechs Jahre alt, und weit von hier.

Und trotz alledem, Sir, sagte der Engländer, scheinen Sie mehr von meinen hiesigen Ereignissen zu wissen, als ich. Ich muß Ihnen bemerken, daß ich seit jener Zeit nicht wieder hier war.

Und ich, Sir, 'erlaube mir Ihnen zu bemerken, daß ich überhaupt erst seit drei Wochen hier bin.

In drei Wochen kann man mancherlei erfahren, Sir.

Allerdings, Sir. Auch schon in drei Stunden. Und wenn Sie, wie ich vermuthe, auf dem Wege waren, in diesem Hause den alten Brinkmann nach Ihren früheren Abenteuern zu befragen —

Edmund Wasar brach mitten in seinem Satze ab. Er sah den Amerikaner forschend an.

John Watson war bei dem Namen des alten Brinkmann in die Höhe gefahren.

Dann, Sir? fragte er eifrig.

Was wäre Ihnen gefällig, Sir? fragte Edmund Wasar zurück.

Sie meinten, wenn ich den alten Brinkmann fragen würde —

Kennen Sie den alten Brinkmann, Master Watson?

Und wenn ich ihn nun kännte, Sir?

So würde er Ihnen Manches erzählen können, was Sie von ihm zu wissen wünschen. Doch freilich auch wohl nicht.

Und warum nicht, Sir? Sie sprechen in Räthseln.

Weil der alte Brinkmann ein armer Mensch ist, der den Verstand verloren hat.

Ah, Sie haben Recht.

Sie wußten das also schon?

Ich wußte es.

Sehen Sie, Master Watson, was man Alles in wenigen Stunden erfahren kann? Oder hatten Sie es schon früher gewußt?

Ich habe es heute erfahren.

Und da Sie von dem Irrsinnigen nicht mehr werden erfahren können — wohlan, Master Watson, ich möchte mich doch bereit erklären, Ihnen Auskunft über das zu geben, was Sie zu wissen wünschen. Fragen Sie mich also. Oder vielmehr, Sir, erlauben Sie mir einige Fragen an Sie.

Fragen Sie mich, Sir.

Sie suchen hier Mehreres, Sir?

Begreiflich.

Sie suchen aber in erster Linie ein Kind wieder. Oder stand Ihr Kind Ihnen erst in zweiter Linie?

Element, Sir!

Was wäre gefällig, Master Watson?

Was wissen Sie von meinem Kinde?

Daß es ein Mädchen ist, wie ich denke.

Woher wissen Sie —?

Und daß Sie das seit zwanzig Jahren verlorene Mädchen suchen.

Sie lebt noch, Sir? Mein Kind lebt noch?

Der häßliche Mensch, der dem gemeinsten Verbrecher

glich, schien doch noch ein Herz, und in diesem Herzen bessere menschliche Gefühle zu haben.

Welcher Mensch wäre nur, wäre ganz ein verkommener Lump? — Auch der häßliche Engländer war es wohl nicht.

Ja, Sir, antwortete Edmund Wasar auf die Frage des Engländers, das ist ein Umstand, über den ich Ihnen gern Auskunft geben möchte, wenn ich dazu im Stande wäre.

Aber was wissen Sie denn von meinem Kinde?

Nun, daß Sie es vor zwanzig Jahren hier verloren haben, und daß Sie es jetzt hier wieder aufsuchen, Sir. Indeß, vielleicht kämen wir doch der Sache näher, wenn Sie mir ein paar andere Fragen zu beantworten die Güte hätten. Nicht wahr, Sir, Sie selbst waren bei jener Gelegenheit in dringender Lebensgefahr?

Ich war es, Sir.

Man schoß zuerst nach Ihnen?

Ja, Sir —

Man warf Sie dann in's Wasser. Die See ging hoch und wild, wie heute. War es so?

So war es, Sir —

Beim Hineinwerfen in das Wasser, oder als Sie sich wieder hinausarbeiten wollten — ich weiß es wahrhaftig nicht mehr so genau — erhielten Sie einen Hieb durch das Gesicht, mit einem Grabscheit —

Sir, woher wissen Sie das Alles —?

Geduld, Sir. — Die Narbe, die Sie da tragen, rührt von jenem Hiebe her?

Ja, ja, Sir.

Sie wurden dennoch gerettet, wie durch ein Wunder.

Sir, werden Sie mir endlich sagen, woher Ihnen alle diese Thatsachen bekannt sind?

Nachher, nachher, Sir. — Doch die Geschichte Ihrer Rettung hätten Sie wohl die Güte, Ihrerseits mir zu erzählen.

Sie war einfach, Sir, mein Schiff nahm mich wieder auf.

Die Antwort ist einfach, Sir. Die Geschichte selbst bleibt mir um desto unklarer. Ihr Schiff konnte doch wahrscheinlich nur auf der Rhede liegen?

Es lag auf der Rhede.

Also drei bis vier Meilen von der Küste?

Drei englische Meilen vom Ufer.

Und die drei Meilen legten Sie schwimmend zurück, Sir? Sie waren verwundet, gelähmt —

Man hatte ein Boot ausgesandt, das landen sollte.

Das Boot hatte Sie also auch an's Land gebracht, Sir?

So war es, Sir.

Mit Ihrem Kinde?

Mit meinem Kinde.

Das damals einige Monate oder einige Wochen zählte?

Es war einige Wochen alt.

Hm, Sir, und zu welchem Zwecke hatten Sie das kleine, arme Wesen mit sich genommen? —

John Watson antwortete nicht. Er sah den jungen Amerikaner wieder mißtrauisch an.

Sir, wer Aufrichtigkeit verlangt, muß Aufrichtigkeit zeigen, sagte Edmund Wasar.

Der Engländer kämpfte mit sich.

Die Mutter des Kindes war gestorben, sagte er dann. Ich durfte es nicht verlassen.

Und warum nicht?

Der Engländer schwieg wieder mißtrauisch.

Ist Ihnen der Name Morlot bekannt, Sir? fragte Edmund Wasar.

Der Engländer fuhr heftig in die Höhe.

Sir, Sie wissen Alles. Warum befragen Sie mich hier? Welche Zwecke verfolgen Sie?

Welche Zwecke, Sir? Sie sollen noch Manches von mir erfahren. Aber ich habe die Gewohnheit, mich nur Leuten anzuvertrauen, die ich vorher als solche kennen gelernt habe, denen ich vertrauen darf. Zeigen Sie mir das also zuerst. Nun, Sie kennen einen Herrn Morlot?

Ich kenne ihn, Sir.

Den Herrn James Morlot in Memel?

So ist sein Name.

Ihm wollten Sie Ihr Kind übergeben?

Ihm und seiner Frau.

Zu dem Zwecke hatte man sie von London nach Memel kommen lassen?

Es war ein schändlicher Verrath.

Man hatte Sie hierher gelockt?

Ja, Sir.

Sie standen also schon in Verbindung mit dem Herrn James Morlot?

Seit längerer Zeit.

Und von welcher Art war diese Vebindung?

Hm, Sir, es war eine kaufmännische.

Edmund Wasar mußte den häßlichen, so gemein und unheimlich aussehenden Menschen auf die Antwort unwillkürlich betrachten. Ein wehmüthiger Ausdruck durchzog sein Gesicht. War der unheimliche Mensch sein Vater? Und dachte er daran?

Ihr Boot fand Sie also, Sir? fragte er.

Ja, Sir.

Und nahm Sie auf und rettete Sie?

Es nahm mich auf.

Und Ihr Kind ließen Sie zurück?

Es war zurückgeblieben.

Und Sie suchen es jetzt auf?

Ich suche es.

Erst nach zwanzig Jahren?

Ja, Sir, sagte der Engländer mit einer gewissen gewaltsamen Frechheit.

Sie hatten auch seitdem nichts von ihm gehört?

Nichts, Sir.

Hm, Sir, und warum gehen Sie nicht gerades Weges zu dem Herrn James Morlot, um Ihr Kind zu suchen?

Der Engländer hatte wieder keine Antwort.

Warum, fuhr Wasar fort, schleichen Sie statt dessen hier mitten in der Nacht an dem öden Strande umher, um einen Wahnsinnigen zu befragen, von dem Sie wissen, daß er wahnsinnig ist? — Sie schweigen, Sir? Warum, unter allen Umständen, wenden Sie sich nicht an die Gerichte, an die Polizei — man hat ja in diesem Preußen eine so vortreffliche Polizei — etwas Gutes hat auch das schlechteste Land —. Warum gehen Sie nicht zur Polizei, um Ihr Kind zu reclamiren, um die Mörder anzuzeigen, um vielleicht noch Anderes zu reclamiren, was Ihnen bei jener Gelegenheit genommen wurde?

Sir, rief der Engländer, Sie wissen auch das? Daß ich damals auf schändliche Weise beraubt wurde?

Sie sehen es, Sir. Oder, damit ich Ihnen gegenüber ganz bei der Wahrheit bleibe, ich hatte es geahnt, und Sie bestätigen es mir jetzt.

Mein ganzes Vermögen wurde mir genommen, Sir. Auf eine hinterlistige, niederträchtige Weise hatte man mich hergelockt.

Ja, ja, Sir, und die Geschichte soll, wie mir scheint, erneuert werden. Aber, noch einmal, Sir, warum gehen Sie nicht zur Polizei, um Ihr Kind und Ihr Vermögen zurückzuholen? Haben Sie noch immer keine Antwort?

Habe ich Beweise? sagte der Engländer endlich, aber kleinlaut.

Beweise, Sir? Hier!

Edmund Wasar wandte sich um, ergriff mit seinen beiden starken, kräftigen Händen den alten Dieb, der hinter ihm stand, und stellte ihn gerade und dicht vor den Engländer.

Toms Kurizat konnte sein Gesicht nicht mehr abwenden.

Der Engländer erkannte ihn. Er erkannte ihn auf der Stelle.

Ha, Schurke, rief er wüthend, Du warst dabei!

Sir, der Mensch versteht kein Englisch, sagte ruhig, trocken der junge Amerikaner. Sie müssen Deutsch mit ihm reden. Sie verstehen es ja wohl.

Aber John Watson war nur im ersten Augenblicke in Wuth gewesen. Die Worte des Amerikaners hatten ihn verwirrt gemacht; vielleicht war es auch etwas An=

deres. Er sann nach; er berieth mit sich, was er thun solle. Er war jedenfalls überrascht.

Master Watson, sagte Edmund Wasar zu ihm, Sie haben sich besonnen; ich sehe es Ihnen an. Dieser Mensch kann nicht der Gegenstand der Zwecke sein, die Sie nach zwanzig Jahren hierher geführt haben. Im Gegentheil, wenn Sie sich weiter und näher mit ihm einließen, das Erreichen Ihrer Zwecke könnte dadurch gefährdet werden. Habe ich Recht?

Sie haben Recht, Sir, sagte der Engländer.

So lassen wir ihn laufen?

Stehen Sie für ihn ein, Sir?

Hm, Sir, ganz und gar.

So mag er laufen.

Toms Kurszat, sagte Wasar zu dem Diebe, hast Du für die Nacht ein Unterkommen?

Ich wollte mir eins in der Scheune des Schmugg= lerkruges suchen. Nach Hause darf ich nicht.

So geh, und morgen früh meldest Du Dich hier bei mir.

Der Dieb ging.

Edmund Wasar wandte sich wieder an den Eng= länder.

Sir, wollen Sie noch den Wahnsinnigen fragen?

Ich muß Nachricht von meinem Kinde haben.

3*

Wollten Sie mir es nicht überlassen, Ihnen diese zu verschaffen?

Wie sollten Sie sich dafür interessiren, Sir?

Sie sehen, daß ich mich schon dafür interessirt habe.

Und warum haben Sie das, Sir?

Hm, ich mußte doch wohl meinen Grund dafür haben.

John Watson sah den jungen Amerikaner auf einmal mit einem eigenthümlich forschenden Blicke an. Mißtrauen schien nicht mehr darin zu liegen. Das häßliche Gesicht erhielt den Ausdruck eines tiefen Nachdenkens; der Blitz der Augen zog sich in sein Inneres zurück. Er arbeitete an Gedanken, die er nicht zur Klarheit bringen, für die er vielleicht gar keinen Anhalt finden konnte.

Wo werde ich Sie wieder sehen, Sir? fragte er.

Sie wollen mir also das Weitere überlassen?

Vorläufig, ja.

Sie treffen mich morgen hier.

Zu welcher Stunde?

Suchen Sie mich um sechs Uhr Abends auf.

Ich werde.

Auch der Engländer ging.

Edmund Wasar klopfte an die Thür des Hauses, vor dem er stand.

Die freundliche Anna öffnete ihm.

Schläft Dein Vater, Anna?

Nein. Er ist sehr unruhig. Es war eine schreckliche Nacht für ihn. Er wollte noch einmal hinaus. Mit Mühe habe ich ihn zurückgehalten.

Darf ich zu ihm gehen?

Was wollen Sie bei ihm?

Ich habe allerlei Fragen an ihn.

Aus alter Zeit?

Es wäre möglich.

Das Mädchen wurde ängstlich.

Lieber Herr Wasar, sagte sie, sind Sie mir gut?

Anna, das kannst Du mich fragen?

Nein, nein. Ich weiß es ja. Aber dann gehen Sie auch nicht zu meinem Vater. Sie würden ihm seine Ruhe ganz nehmen, für lange Zeit. Und er ist doch schon so unglücklich. Nicht wahr, Sie gehen nicht zu ihm?

Sie nahm seine Hand. Sie sah so bittend in seine Augen.

Er konnte ihr nicht widerstehen.

Ich gehe nicht zu ihm, Anna. Gute Nacht!

Wohin wollen Sie, Herr Wasar?

Man kann doch von der Rückseite des Hauses auf Euren Heuboden kommen?

Dorthin wollen Sie?

Dort werde ich mein Nachtquartier nehmen.

Nein, nein, ich habe es für Sie in der Stube bereitet.

Und wo bleibst Du?

Ich schlafe bei Reginen.

Im Bette oder an der Erde?

Sie schwieg erröthend.

Du wolltest immer wahr gegen mich sein?

An der Erde, Herr Major.

Du sollst künftig auf Seide schlafen, Du gutes Kind. — Führe mich in die Stube.

Ein gefundenes Kind.

Ja, mein Herr Graf. Sie sind hier in einem rauhen, wilden Lande, das, wie verloren, in diesem hohen deutschen Norden liegt. Politisch, staatlich will man es gar nicht einmal zu Deutschland rechnen. Nun, über unseren Staatsmännern und Politikern steht, Gottlob, der Geist und das Bewußtsein des Volkes, einfach, aber kräftig, so kräftig, daß das Volk denn doch immer zuletzt den Ausschlag giebt.

Sie wollen doch keine Volksregierung, Herr Morlot?

Der Herr Charles Morlot hatte jene Worte zu dem Grafen Wildberg gesprochen.

Der Graf Wildberg stellte darauf die Frage an ihn.

Die Familie des Herrn Charles Morlot saß im Familienzimmer beim Morgenthee; der Hausherr selbst, seine Gattin, seine Tochter Melanie, seine Söhne Arthur und Adalbert.

Die ganze Familie war also freilich nicht beisammen.

Sie saßen auch wohl eigentlich nicht beim Thee. Der Frühstückstisch war gedeckt, aber der Thee selbst fehlte noch; man wartete auf ihn.

Sie unterhielten sich unterdeß, und der Hausherr führte die Unterhaltung in erster Linie mit dem vornehmen Gaste des Hauses.

Eine Volksregierung, Herr Graf? Da würden wir uns zunächst über zwei Punkte verständigen müssen, was unter Volk, und was unter Regierung zu verstehen sei, und Sie werden zugeben, daß eine genaue Erörterung darüber uns sehr weit führen würde.

Ich hatte an jene Demagogen gedacht, Herr Morlot, die in den Befreiungskriegen mitgefochten oder auch nicht mitgefochten hatten, und nun meinen, ihr Befreiungsmetier dadurch fortsetzen zu müssen, daß sie die Masse des gemeinen Volkes gegen Regierung und Obrigkeit aufhetzen, um selbst das Regiment zu führen.

In diesem Sinne, Herr Graf, war Ihre Frage, und die Befremdung, die Sie durch sie aussprachen, eine vollständig berechtigte. Allein —

Aber, Auguste, wo bleibt denn der Thee?

Der Herr Charles Morlot rief die Worte schnell und leise seiner Gattin zu, die neben ihm saß.

Ich begreife es nicht, erwiederte sie, die schon verlegen war und durch den Vorwurf, der in den Worten ihres Mannes lag, noch verlegener wurde. Ich werde nachsehen.

Nein, nein; das paßt sich nicht in meinem Hause, in dem die Bedienung eine ordentliche sein sollte.

Die Frau blieb sitzen.

Allein, Herr Graf, fuhr der Herr Morlot zu dem Grafen Wildberg fort — Sie verzeihen, ich mußte meine Frau darauf aufmerksam machen, wie wohl unser guter Arthur aussieht.

Ich bin Dir sehr dankbar, lieber Vater, sagte der Gardelieutenant, Herr Arthur Morlot.

Du mußt ihm die Hand für die Lüge küssen, Arthur, flüsterte Fräulein Melanie in das Ohr des Bruders.

Sie saß zwischen ihm und dem Grafen.

Du bist boshaft, Melanie.

Der Vater nennt mich seinen Engel.

Du weißt, wie wir Dich lieben, Arthur, sagte der Vater.

Aber, Auguste, wo bleibt denn die Tante mit dem Thee? Es ist unverzeihlich von ihr, uns so warten zu lassen.

Ich werde nachsehen, unter irgend einem Vorwande.

Nein, man würde es merken.

Allein, Herr Graf, um nun auf unser Thema wieder zurückzukommen, der Satz, den ich vorhin aussprach, sollte nur bedeuten, daß das deutsche Bewußt-

sein, daß gerade in dem besseren, in dem intelligen=
ten und erleuchteten Theile der Bevölkerung lebt,
durch alle gemachte sogenannte Staatsklugheit sich nicht
wird beirren und unterdrücken lassen. Und dann hatte
ich auf unser Land, auf diesen Winkel der Erde zurück=
kommen wollen, wie man ihn schon seit mehr als einem,
gar seit zwei Jahrhunderten zu vergessen anfängt, wie
er aber in früheren Jahrhunderten so lange Zeit der
Sitz deutscher Kraft, deutschen Muthes, deutscher Intel=
ligenz war. Hier in Ostpreußen und in Litthauen floß
namentlich die Blüthe des deutschen Ritterthums, des
Adels, selbst des höchsten Adels der deutschen Nation
zusammen, schon seit der Mitte des dreizehnten Jahr=
hunderts. In jene Zeit fällt dann auch wohl, nebenbei
bemerkt, die Einwanderung meiner Familie in Litthauen,
die sich freilich soweit zurückverliert, daß wir nicht mehr
ermitteln können, ob unsere Vorfahren aus Deutschland,
oder aus England, oder aus Frankreich herübergekom=
men sind. Der Name ließe auf das Alles schließen,
auch die Vornamen Jakob, Carl, Adalbert, Arthur, die
seit Menschengedenken in unserer Familie einheimisch sind.

Du hast Melanie vergessen, lieber Vater, sagte
Fräulein Melanie, indem sie mit der reizendsten Ko=
ketterie schmollend ihre schönen frischen Lippen aufwarf.

Der Graf Wildberg sah es. Er strich mit einem

gewiſſen derben Behagen ſeinen großen, fuchſigen
Schnurrbart.

Eine allerweltsprächtige Dirne, murmelte er dabei
unter dem Schnurrbart.

Der Name Melanie, ſagte der Herr Charles
Morlot —

Aber er brach ab.

Die Tante trat in das Zimmer, mit langſamen,
ruhigen, gemeſſenen Bewegungen, mit eiligem, ängſt-
lichem, faſt verſtörten Geſichte.

In dieſem Hauſe war Alles unnatürlich.

Sie ſahen Alle das verſtörte Geſicht der ältlichen
Dame, die Tante für Alles in der Familie war.

Nur der Graf Wildberg mochte es nicht ſehen. Er
war erſt ſeit dem geſtrigen ſpäten Abend da; es war
ihm noch Alles fremd, und — in der bürgerlichen Familie, trotz der Beziehungen, in die er zu ihr treten
ſollte, ziemlich gleichgültig.

Auch den beiden Brüdern, Adalbert und Arthur,
ſchien die Angſt der Tante nicht zu Herzen zu gehen.

Melanie lachte ſogar höhniſch in ſich hinein. Sie
ſchien zu wiſſen, um was es ſich handle.

Die Frau Morlot ſah ängſtlich ihren Mann an, ob
ſie den Schreck, den die Angſt der Tante ihr ſelbſt ein-
geprägt hatte, zeigen dürfe.

Herr Charles Morlot war die vollkommenste Ruhe
selbst.

Sie hat den Thee vergessen, sagte er heimlich zu
seiner Frau.

Was mag sie haben, Charles? Was mag vorgefal=
len sein?

Erinnere sie an den Thee, Auguste. Für mich schickt
es sich nicht.

Der Name Melanie, fuhr der Herr Charles Morlot
in seiner Ruhe fort —

Seine Frau sagte unterdeß halb leise zu der Tante:
Kommt der Thee, Tante?

Jean bringt ihn. — Aber, liebe Nichte, was für ein
entsetzliches —

Um Gotteswillen, schweige. Er hört es.

Sie meinte ihren Mann.

Die Tante schwieg.

Die beiden Damen saßen wie auf Nadeln.

Der Name Melanie, sagte der Herr Morlot, kommt
allerdings nur meist in den alten französischen Familien
vor; indeß bezweifle ich doch nicht, daß man ihn auch
in der englischen Aristokratie finden werde. Und was
Deutschland betrifft —

So meine ich, fiel ihm Fräulein Melanie in das
Wort, von meinem Bruder Arthur einmal gehört zu

haben, daß er in Berlin sehr häufig unter den Nähe=
rinnen vorkomme.

Ich bitte um Verzeihung, liebe Schwester, sagte der
Gardelieutenant, ich habe meine Bekanntschaften nicht
unter den Berliner Näherinnen.

So? Dann hätte ich mich geirrt. Aber Herr Graf
Wildberg, Sie hätten vielleicht —?

Bekanntschaft unter den Berliner Näherinnen, meine
Gnädige? fragte der Graf Wildberg.

Nicht doch, Herr Graf. Aber es giebt reiche Holz=
händlerfamilien in Berlin, die ein Haus machen.

Der Graf Wildberg strich seinen Schnurrbart nicht,
aber er biß sich in die murmelnden Lippen:

Teufel, die Person ist nicht auf das Maul gefallen.

Maul! Soeben hatten ihn noch die schönen, frischen
Lippen entzückt. Aber ein Graf, zumal wenn er Garde=
lieutenant ist, nimmt es mit der Roture so genau nicht.

Er selbst schien übrigens wenigstens auf seinen
Mund gefallen zu sein. Er mußte nach einer Antwort
für das Fräulein suchen.

Fräulein Melanie war aber schon wieder schneller
mit dem Worte fertig.

Uebrigens, Herr Graf, sagte sie, habe ich den Na=
men Melanie durch eine ganz besondere Veranlassung
erhalten, und Sie müssen sie sich von mir erzählen
lassen.

Ihr Bruder Adalbert warf ihr einen drohenden, der Vater warf ihr einen bittenden Blick zu. Die Mutter wagte gar nicht aufzublicken.

Fräulein Melanie warf die schönen Lippen über=müthiger auf.

Ich bin ganz Ohr, mein gnädiges Fräulein, sagte der Graf Wildberg.

Sehen Sie jenes Fußbänkchen dort? fragte ihn Fräulein Melanie?

Ich sehe es, mein Fräulein.

Es ist eins der interessantesten Gegenstände in un=serem Hause.

So?

Das So? des Grafen war aber sehr lang gezogen.

Sie finden es nicht interessant, Herr Graf?

Ich bin kein Kenner, meine Gnädigste.

Sie sehen aber, daß es den Ehrenplatz in diesem Zimmer einnimmt, dort oben, gerade vor dem Spiegel.

Und es verdient diesen Ehrenplatz, nahm mit einer gewissen, haftigen Angst der Herr Charles Morlot das Wort. Es ist das theure Vermächtniß einer edlen, zu früh verstorbenen Verwandtin.

Von der ich den Namen Melanie führe, Herr Graf, fiel Fräulein Melanie mit neuer Bosheit ein.

Und von der auch Du den edlen, hochherzigen Sinn hast, meine Tochter.

Fräulein Melanie lachte.

Hm, Herr Graf, die Arme war eine alte Jungfer, bucklig, häßlich, aber enorm reich. Darum wurde sie meine Pathin. Sie liebte mich unendlich; sie hatte hundertmal versprochen, daß ich ihre Erbin sein sollte. Sie starb. Ihr Testament wurde eröffnet. Sie hatte mir nichts, sondern ihr ganzes Vermögen ihren armen, näheren Verwandten zugewendet, aber meinem Vater jenes Fußbänkchen vermacht, als theures, stets in Ehren zu haltendes Andenken an sie.

Und ich habe es stets in Ehren gehalten, sagte der Herr Charles Morlot.

Nichts hatte ihm geholfen, den Schlag abzuwenden; allein er war der Mann, der gute Miene zu bösem Spiel machen konnte.

Es war doch eine Stille im Zimmer entstanden.

Diese nahm die Tante wahr.

Jean, der Diener, hatte den Thee hereingebracht, und vor die Tante gestellt.

Sie servirte ihn.

Dabei machte sie ihrem Herzen Luft gegen — Fräulein Melanie. Diese saß ihr am nächsten und war am Ende die eigentliche Herrin im Hause.

Melanie, sagte sie leise, Marie ist nicht da.

Und was soll das, Tante?

Mein Gott! rief die Tante, und sie hätte beinahe
vor Schreck die Tasse fallen lassen.

Die totale Gleichgültigkeit des Fräuleins hatte sie
mehr erschreckt, als die Schreckensbotschaft, die sie ihr
mitgetheilt hatte.

Mein Gott, Melanie! Und sie ist die ganze Nacht
nicht da gewesen!

Und wo war sie gewesen?

Sie ist fort, Melanie. Kein Mensch weiß wohin?

So weiß ich es auch nicht.

Die Jungfer ist oben vom Dache her in ihr Fenster
gestiegen und hat die Stube leer und das Bett un=
berührt gefunden.

Tante, das war unvorsichtig von der Jungfer. Sie
hätte vom Dache fallen und ihr Leben einbüßen kön=
nen. Ich hoffe, Du hast ihr einen derben Verweis
gegeben.

Aber, Melanie, wie kannst Du eine solche Nachricht
so gleichgültig aufnehmen?

Weil Du damit an die unrechte Thür gekommen
bist, liebe Tante. Du hättest sie zuerst dem Vater mit=
theilen müssen, der dann seine Ordre auszutheilen hatte,
wie wir uns verhalten sollen.

Mein Gott, mein Gott! jammerte die Tante.

Der Graf Wildberg hatte keine Antwort gefunden.

Der Herr Adalbert Morlot gewahrte es. Er hatte

wohl noch mehr gewahrt. Er hatte ein böses Gewissen, und für einen scharfen Beobachter sah er aus, wie das böse Gewissen.

Herr Graf, sind Sie gewohnt, beim Thee eine Cigarre zu rauchen?

In Gegenwart der Damen, Herr Morlot?

In meinem Hause, Herr Graf, mischte sich der Herr Charles Morlot ein, herrscht die Zwanglosigkeit des anspruchslosen Familienlebens.

Welche Sorte würden Sie also vorziehen, Herr Graf? sagte Adalbert Morlot. Diese sind leicht, diese schwer. Beide sind gut.

Er hielt dem Grafen zwei Cigarrenkisten hin.

Ich möchte die schweren vorziehen.

Der Graf suchte eine Cigarre aus, zündete sie an, rauchte.

Eine ausgezeichnete Cigarre, Herr Morlot.

Die Tante hatte ihr Herz auch gegen den Hausherrn ausschütten müssen.

Marie ist fort, Vetter!

Ja, Cousine!

Großer Gott, auch Sie, Vetter?

Nein, Cousine, ich bin hier, wie Sie sehen.

Aber auch Sie so gleichgültig bei der Schreckensbotschaft? Das fährt mir in die Glieder. Marie ist fort, Vetter, ganz fort. Kein Mensch weiß, wo sie ist.

Sie ist schon die Nacht nicht da gewesen. Sie muß sich gestern Abend heimlich davon gemacht haben. Oder es ist ihr ein Unglück begegnet.

Nein, sie hat sich heimlich davon gemacht.

Und Sie wissen das, Vetter, und sind so ruhig dabei?

Bringen Sie nur nicht das ganze Haus in Allarm, Cousine.

Aber, was ist es denn mit dem Kinde? Weshalb ist sie fort? Wohin ist sie?

Schweigen Sie jetzt.

Die Tante schwieg wieder.

Aber die Frau Morlot hatte gehört, wovon gesprochen wurde. Sie war blaß geworden. Sie zitterte.

Marie ist fort?

Nachher, Auguste.

Auch die Frau schwieg, bestürzt und unglücklich zugleich, in dem Hause des Glückes, der Liebe und der Eintracht.

Fräulein Melanie lachte wieder still und vergnügt in sich hinein.

Der Diener Jean trat in das Zimmer, ging auf seinen Herrn zu und sagte ihm ein paar Worte leise.

Das Gesicht des Herrn Charles Morlot heiterte sich sichtlich auf.

sehr willkommen sein, Jean.

Aber der Herr bittet den gnädigen Herrn allein, ganz allein sprechen zu dürfen, sagte Jean halb leise.

So führe Er ihn in mein Arbeitszimmer.

Zu Befehl.

Fräulein Melanie war aufmerksam geworden.

Wer ist da, Vater?

Der Herr Wasar.

Wasar?

Fräulein Melanie lachte boshaft und also noch vergnügter.

Was lachst Du, Melanie? fragte der Vater sie.

Lieber Vater, ich hätte eine Bitte an Dich.

Und welche?

Laß den Herrn Wasar in den kleinen grünen Salon führen.

Warum?

Ich möchte gern Zeuge Eurer Unterredung sein.

Und warum das?

Um Eure Gesichter zu beobachten.

Melanie!

Und dann habe ich noch einen besonderen Grund. Wasar, Vater, ist ein Millionair, und besser, als ein armer Graf und —

Sie sah höhnisch ihren Bruder Arthur an, und fuhr zu ihm leise fort:

Als ein betrunkener Franzose.

4*

Jean! rief sie dann.

Jean kam zurück. Er war noch in der Thür.

Jean, führe Er den Herrn Wasar in den grünen Salon.

Jean sah nicht einmal vorher seinen Herrn an.

Herr Charles Morlot schwieg und sah Niemanden an.

Wer ist dieser Herr Wasar? fragte Arthur Morlot seine Schwester.

Ich denke, Du hast es gehört, und — wäre er drei Wochen früher hier gewesen, Du hättest Deinen Grafen zu Hause lassen können.

Sie stand auf, das Zimmer zu verlassen.

Auch ihr Vater hatte sich erhoben.

Adalbert Morlot hatte auch auf das Acht gegeben, was seit dem Eintreten des Bedienten vorgefallen war. Man hatte leise gesprochen. Er hatte nichts gehört. Aber das böse Gewissen erräth Alles; eigentlich verräth es Alles.

Er war mit dem Grafen Wildberg an das Fenster getreten. Sie konnten dort besser gegenseitig ihre Cigarren versuchen und sich darüber aussprechen.

Es ist eine Manilla, die Sie da rauchen, Herr Graf.

Und die Ihrige, Herr Morlot?

Eine Cabannas. Die Manilla ist mir zu leicht, obwohl sie feiner ist.

Das rauhere Klima bedingt wohl schwereren Taback?

Sie bringen mich da auf einen Gedanken. Indeß wir rauchen hier auch viel türkischen Taback, der bekanntlich zu den leichteren gehört.

Das wäre die Frage.

Sie meinen?

Ich halte den türkischen Taback im Grunde für einen sehr schweren.

Wir können gleich die Probe machen, Herr Graf. Ich habe türkischen Taback in meinem Zimmer. Ich weiß nur nicht — die Damen sind ihn nicht gewohnt.

Gehen wir auf Ihr Zimmer, Herr Morlot.

Die Damen werden Sie vermissen, und auch mein Vater —

Wir bleiben nicht lange.

So erlauben Sie, daß ich Sie führe.

Ich stehe zu Befehl.

Aber, ah — ich sehe, mein Vater winkt mich da zu sich. Entschuldigen Sie mich einen kleinen Augenblick.

Er eilte zu seinem Vater.

Zu wem wollt Ihr, Du und Melanie?

Fräulein Melanie stand neben ihrem Vater.

Ginge es Dich etwas an, Herr Adalbert?

Das eben möchte ich wissen.

Du würdest es später früh genug erfahren.

Adalbert Morlot erwiederte ihr nichts mehr.

Sein Bruder Arthur saß daneben.

An ihn wandte er sich.

Arthur, geh' mit dem Grafen auf mein Zimmer. Er will meinen türkischen Taback probiren. Entschuldige mich bei ihm; sage ihm, der Vater habe einen dringenden Auftrag für mich.

Aber der Vater hat ja kein Wort zu Dir gesprochen.

Schwachkopf, ich will von Deinem einfältigen Grafen befreit sein.

Schwachkopf? Bruder Adalbert —

Ich glaube wahrhaftig, Du willst gegen mich den Lieutenant spielen. Geh!

Aber, alle Wetter —

Arthur, Du gehst, befahl ihm auch Fräulein Melanie.

Da ging er.

Mein Bruder läßt sich entschuldigen, Wildberg. Ich werde Dich auf sein Zimmer führen. Mein Vater hat einen dringenden Auftrag für ihn.

In Betreff Eures englischen oder französischen Stammbaums? fragte der Graf.

In Geldangelegenheit. Du bist hier in einem reichen Hause.

Das gern ein vornehmes werden möchte. Aber gehen wir, Freund Morlot.

Sie gingen.

Und nun, Schwester Melanie, gehen wir Beide in jene Fensternische.

Aber ich muß mit dem Vater gehen.

Der Vater kann warten.

Es ist noch ein Anderer da.

Auch er kann warten.

Adalbert, Du nimmst einen Ton an —

Zum Teufel, ich habe Dich in der Hand, und durch Dich den Vater.

Lieber Vater, sagte Fräulein Melanie zu ihrem Vater, hättest Du die Güte, noch ein paar Augenblicke zu war= ten? Ich habe vorher mit Adalbert zu sprechen. Es kann wichtig für die Unterredung mit Wasar sei.

Mache nicht zu lange, Melanie, bat der Herr Char= les Morlot sie nur.

Er war ein braver Mann, der Herr Charles Morlot. Er vergötterte sich selbst, aber er vergötterte noch mehr seine Kinder. Freilich liebte er Anderes, zum Beispiel Millionen.

Adalbert Morlot führte seine Schwester zu dem Fenster.

Wer ist da, Melanie?

Fräulein Melanie besann sich, rümpfte die Nase und sagte kurz:

Wasar!

Was will er?

Kann ich das wissen?

So weiß ich es.

Du bist wohl sein Vertrauter?

Ich glaube wenigstens zu wissen, weshalb er hier ist.

Und weshalb?

Marie ist fort.

Ah, Du hast es vorhin gehört!

Ich habe sie heute Nacht gesehen.

Heute Nacht? Wo?

Im Brinkmannschen Hause am Schapenwalle.

Da warst Du heute Nacht?

Fällt Dir das auf?

Ich denke, Du bist Deiner Schönen überdrüssig, seitdem sie —

Davon nachher, Melanie. Ich sah auch Wasar da; zwar nicht im Hause, aber dicht dabei, auf dem Wege dahin.

Und Du meinst, Wasar sei wegen Mariens hier?

Ich denke. Da sie nach der gestrigen Erzählung des Vaters mich heirathen sollte — sie liebt mich eben nicht — so hat sie sich schnell von ihm entführen lassen.

Um ihn zu heirathen? Nicht wahr, mein kluger Bruder, das ist wohl der Schlußstein Deines feinen Gedankengebäudes?

Nein, meine kluge Schwester.

Was hätten sie denn etwa selbst Dir gesagt?

Ich habe keinen von ihnen gesprochen.

Und Du hast sie doch Beide gesehen?

Sie durch's Fenster und ihn —

Ah, Du hast gelauscht! Es sieht Dir ähnlich. Indeß kann ich Dir sagen, daß Du Dich diesmal irrst. Marie hat sich entführen lassen, auch eigentlich durch den Herrn Wasar. Aber bevor sie ein Wort von Dir wußte —

Du meinst, Wasar wolle sie heirathen?

Nein. Sie ist einfach die Braut unseres Vetters Robert.

Teufel, mit ihrer Million!

Pah, hat sie die? Der Vater sagt es!

Und der Vater weiß. es.

Von wem?

Von einem großen Schurken, der ihr Vater ist.

Ei, ich sehe, Ihr habt Geheimnisse vor mir, Du und der Vater.

Ich kann Dir noch mehr sagen, Melanie. Wasar ist ihr Bruder.

Wasar? Wasar? Wessen Bruder?

Nun, Mariens.

Teufel, Satan!

Der schreckliche Fluch entfuhr in der That den Lippen des schönen Fräuleins Melanie.

Aber ihre Lippen waren in diesem Augenblicke zu=
sammengekniffen und blau vor Zorn.

Teufel, Satan! Und jene elende Dirne sollte die
andere Million bekommen!.

Von welcher elenden Dirne sprichst Du, Melanie?

Von der — von Deiner sauberen Schwägerin.

Ah, von Anna?

Der armen Anna hatte der Zorn und der Fluch des
schönen Fräuleins gegolten.

Adalbert Morlot fuhr ruhig fort:

Ich hatte in der That etwas gehört. Und ich hatte
gedacht, die jüngere Schwester werde in die Fußstapfen
der älteren treten. So wird es auch wohl werden.

So wird es nicht werden, versicherte zornig das
Fräulein. Wasar ist ein edler Narr.

Das wäre eine andere Frage. Aber, Melanie, laß
uns überlegen. Ich muß Marie haben.

Und ich Wasar.

Es giebt also zwei Millionen!

Wohlan, laß uns überlegen. Wer ist der große
Schurke, von dem der Vater seine Nachrichten hat?

Es ist eine etwas weitläufige Geschichte, Melanie.

So erzähle sie mir nachher. Ich darf die Beiden
nicht zu lange warten lassen. Doch Eins. Weiß Wasar,
daß Marie seine Schwester ist?

Er weiß es nicht; Vermuthungen mag er haben.

Ich glaube, er ist eben hier, um nach Schwester und Vater zu forschen, und es wollen oft sonderbare Vermuthungen in mir aufsteigen.

Ist das auch eine weitläufige Geschichte?

Und eine dunkle dabei.

Also auch von ihr nachher. Und jetzt nur noch Eins. Sage Arthur, daß er mich nicht zu fest an seinen Grafen verkupple.

Er hat freilich keine Million.

Und eben so wenig an seinen Trunkenbold von Franzosen.

Franzose? Trunkenbold? Wer ist denn das?

Ah, Du warst gestern Abend nicht da. Warst Du den ganzen Abend bei Deiner Schönen?

Nein.

Und wo?

Nachher, nachher! Der Vater wird ungeduldig.

Herr Charles Morlot war in der That ungeduldig geworden.

Aber, Melanie, wir lassen den Herrn Wasar gar zu lange warten.

Wir! sagte der prächtige Vater. Und daß man ihn selbst so ungebührlich warten lasse, daran wagte er gar nicht zu erinnern.

Ich bin ja schon da, Vater, sagte Fräulein Melanie.

Sie war schon bei ihm.

Sie verließen Beide das Zimmer.

Fräulein Melanie hatte nicht ohne Absicht den Herrn Wasar in den kleinen, grünen Salon führen lassen. Neben ihm lag ein kleineres, allerliebstes Gemach, aus dessen Fenster man im Sommer eine wunderschöne Aussicht auf das halbe Haff und über dieses hin weit in das litthauische Land hinein hatte. Selbst im Winter bot sich die Landschaft mit ihrem Eise und Schnee, so weit das Auge reichte, als eine eben so schöne wie großartige dar. Fräulein Melanie verträumte — man muß es ihr lassen — im Sommer wie im Winter manche Stunde hier im Anschauen der eigenthümlich reizenden Natur. Sie nannte es auch ihr Cabinet.

Durch eine zweite Thür, die von einer anderen Seite in das Cabinet führte, trat sie leise in dieses ein.

Der Herr Charles Morlot öffnete gleichzeitig, nicht eben leise, die Hauptthür zu dem grünen Salon.

Er wollte doch einen Augenblick stutzen, als er hier den Herrn Wasar in einer Stellung überraschte, in welcher der junge Amerikaner nach dem kleinen Cabinet hin gehorcht zu haben schien. Er ließ sich nichts merken.

Guten Morgen, Herr Wasar.

Guten Morgen, Herr Morlot. Sie verzeihen mein frühes Eindringen bei Ihnen.

Ich habe nur bedauert, Herr Wasar, daß Sie un=

feren Familienkreis verschmäht haben, in dem Sie immer
so gern gesehen werden. Zumal heute, da gestern Abend
mein Sohn Arthur angekommen ist.

Er ist Lieutenant bei der Garde, Ihr Herr Sohn?

In Berlin. Er hat einen Kameraden mitgebracht,
einen Grafen Wildberg, einen sehr interessanten Mann.

Ah, ich freue mich darüber für Fräulein Melanie.

Warum gerade für sie, Herr Wasar?

Eine junge Dame von Geist bedarf in einer Ein=
samkeit, wie hier, manchmal frischer Unterhaltung.

Er sagt das so pikirt! sagte der Herr Charles Morlot,
aufmerksam und gar nicht unzufrieden, für sich.

In dem kleinen Cabinet nebenan schien ein sehr
leises Geräusch laut zu werden.

Der Herr Wasar hatte wohl nicht darauf geachtet.
Er fuhr unbefangen fort:

Darf ich sogleich auf den Gegenstand kommen, Herr
Morlot, der mich so früh zu Ihnen führt.

Ich stehe zu Diensten.

Es ist eine wichtige Angelegenheit, Herr Morlot,
und ich muß Sie um Ihre ganze Aufmerksamkeit und
Ihre ganze Aufrichtigkeit bitten.

Sie sollen Beides bei mir finden, Herr Wasar, wie
immer.

Fräulein Marie ist seit gestern aus Ihrem Hause
verschwunden.

Ja, Herr Wasar.

Sie wissen auch, warum, wozu?

Ich weiß Alles, Herr Wasar.

Ah, Fräulein Melanie hat Ihnen Alles mitgetheilt.

Meine Kinder, Herr Wasar, haben nie irgend ein Geheimniß vor mir.

Auch Ihr Herr Sohn Adalbert nicht?

Adalbert ist zwar mitunter eine etwas derbe, aber zugleich die geradeste und offenste Natur von der Welt.

Das freut mich. So kennen Sie auch wohl seine Beziehungen zum Schapenwalle?

Ich sollte denken, erwiederte der Herr Charles Morlot, in einem Tone, der versichern sollte, daß er Alles wisse, mit einem Gesichte, das diesmal verrieth, daß er nichts wisse. Bei jener ersten Lüge hatte er den Amerikaner täuschen können.

Vortrefflich, sagte der Herr Wasar. Wir werden nachher darauf zurückkommen. — Fräulein Marie ist nicht Ihr Kind, Herr Morlot?

Der Herr Wasar hatte die ersten Worte mit einer so sonderbaren, triumphirenden Ironie gesagt.

Der Herr Morlot war unruhig geworden.

Die plötzliche Frage, die hinzukam, verwirrte ihn.

Hat Marie Ihnen das gesagt? rief er. Sie weiß nichts, gar nichts, Herr Wasar.

Es wird darauf nicht ankommen, Herr Morlot.

Zunächst interessirt es mich nur zu wissen, ob die That=
sache richtig ist?

Es interessirt Sie? Aber mit welchem Rechte —?

Er hat von ihrer Million gehört; er will sie hei=
rathen; mit ihm ist sie durchgegangen! Der Gedanke
verwirrte Herrn Charles Morlot den Kopf.

Fräulein Melanie, die in ihrem Cabinet jedes Wort
hören konnte, verwünschte wahrscheinlich in demselben
Augenblicke sich selber, daß sie dem Vater nicht Alles
gesagt hatte. Er wird dumme Streiche machen, und
ich trage die Schuld!

Mit gar keinem Rechte, Herr Morlot, sagte Wasar,
so völlig unbefangen, daß der Herr Morlot wieder auf=
athmete, und wahrscheinlich so auch Fräulein Melanie.

Und was für ein Interesse hätten Sie, Herr Wasar?

Nehmen Sie das Interesse für Ihre Familie.

In der That?

In der That. Sie wünschen zum Beispiel, Adalbert
mit Marien zu verheirathen.

Der Herr Morlot verlor den Kopf mehr.

Auch das hat sie Ihnen gesagt?

Adalbert hat denselben Wunsch.

Meine Kinder haben zu einander die zärtlichste Ge=
schwisterliebe.

Ich bezweifle es nicht, Herr Morlot. Aber ich be=
zweifle etwas Anderes.

Und was, Herr Wasar?

Daß Sie die Beziehungen Ihres Sohnes Adalbert zu dem Schapenwalle kennen.

In welcher Hinsicht sollte ich sie nicht kennen?

Zum Beispiel, daß Sie, Herr Morlot, dort in kurzer Zeit Großvater werden.

Was, Herr? Ich, ich?

Wenn es mit dem Herrn Adalbert nicht dieselbe Bewandtniß hat, wie mit Fräulein Marie, und wenn er also Ihr Sohn ist.

Gewiß ist er mein Sohn, mein ältester Sohn.

Nun, so hat Ihr ältester Sohn auf eine nieder= trächtige, nichtswürdige Weise ein ehrliches, braves Mäd= chen, die arme Regine Brinkmann, verführt, um sie mit ihrem Kinde im Stiche zu lassen.

Der Herr Charles Morlot hatte seine Geistesgegen= wart wieder. Er war an der Ehre seiner Familie, seines ältesten Sohnes angegriffen.

Mein Herr Wasar, sprach er mit Rührung, aber auch mit Würde, ich kann die Wahrheit Ihrer Worte nicht bezweifeln, denn Sie sind ein Ehrenmann und Sie würden solche Behauptungen nicht aufstellen, wenn Sie nicht die vollsten Beweise dafür in den Händen hätten. Ich gestehe Ihnen auch, daß mein Sohn mir bisher von der Sache nichts mitgetheilt hatte. Aber ich kann ihm nur dankbar dafür sein und ich erkenne seinen vor=

trefflichen, seinen edlen Charakter darin. Er wollte
seinen Vater, seine Mutter, seine Schwester nicht be-
trüben durch das Unglück, das ihn betroffen hat. Denn
ein Unglück, nur ein Unglück ist es, und nur darin muß
ich Ihnen widersprechen', darin müssen Sie falsch be-
richtet sein, oder Sie, mein verehrter Herr Wasar, haben
in Ihrem lebendigen, vielleicht in diesem Falle zu lebendigen Gefühle für Sitte und Recht, es unrichtig auf-
gefaßt, daß mein Sohn das Mädchen sollte verführt,
daß er überhaupt schlecht oder gar niederträchtig gegen
sie sich sollte benommen haben. Er ist jung, feurig,
er ist eine geniale Natur; da hat sich ein Unglück zugetragen. Und das Unglück wird er wieder gut machen.
Daß er die Person nicht heirathen kann, er, der Sohn
meiner Familie, er mit seinem hohen, gebildeten Geiste,
mit den höchsten Ansprüchen an das Leben, die unge-
bildete, niedrige Tochter der Fischerhütte, das versteht
sich von selbst, das werden auch Sie zugeben. Aber,
daß mein Sohn, wie ich selbst, in jeder anderen ehren-
haften Weise die Sache wieder gut machen, dem Mädchen Entschädigung geben, für das Kind sorgen werde,
davon, Herr Wasar, werden Sie gewiß ebenfalls
überzeugt sein. Und damit wäre denn dieser Punkt abgemacht. Darf ich jetzt bitten, Herr Wasar, was mir
eigentlich die Ehre Ihres Besuches verschafft hat? Denn

dieses Unglück allein haben Sie mir schwerlich mitthei=
len wollen.

Edmund Wasar hatte mit dem ruhigsten und unbe=
weglichsten Gesichte von der Welt den Erguß des edlen
Herzens des Herrn Charles Morlot angehört. Nur als
von einer Mesalliance des Herrn Adalbert Morlot mit
der niedrigen Tochter der Fischerhütte die Rede war,
konnte er einem leisen, spöttischen und doch so glücklichen
Lächeln auf seinen Lippen nicht wehren. Er dachte wohl
an die frische, freundliche Anna.

Sie haben Recht, Herr Morlot, sagte er, nur an
die letzten Worte des braven Mannes sich haltend. Ich
habe Ihnen noch mehrere andere Dinge zu sagen. Zuvor
erlauben Sie mir eine Frage zu wiederholen, die Sie
mir freilich indirect schon beantwortet haben. Marie
ist nicht Ihre Tochte?

Nein, Herr Wasar, sie ist nicht unser Kind.

Und wessen Kind ist sie?

Das weiß ich nicht, Herr Wasar.

Herr Morlot, ich bitte um Ihre volle Aufrichtigkeit.

Ich weiß es wahrhaftig nicht, Herr Wasar.

Wer einmal lügt, dem glaubt man nicht, und wenn
er auch die Wahrheit spricht.

Wasar sagte es nicht, aber er mußte es sich so na=
türlich denken.

Herr Morlot, sagte er, Adalbert soll Marie heirathen?

Soll, Herr Wasar? Meine Kinder haben ihren freien Willen. Haben Adalberts und Mariens Herzen sich auch in einer anderen, als in Geschwisterliebe gefunden, ich werde sie nicht trennen.

Aber etwas Anderes könnte sie trennen, Herr Morlot.

Und was könnte das sein, Herr Wasar?

Zum Beispiel die Nachricht von — von dem Unglücke Adalberts, von dem wir eben sprachen. Ein Wort davon an Marie —

Herr Charles Morlot erblaßte. In diesem Augenblicke mußte auch er mehr als ein bloßes Unglück erkennen.

Herr Wasar, Sie werden doch nicht —?

Ja, ich werde, Herr Morlot, wenn Sie mir nicht mit der vollsten Offenheit Alles mittheilen, was Ihnen über die Verhältnisse Mariens bekannt ist.

Der Herr Morlot brauchte nur ein paar Sekunden nachzusinnen.

Aber, Herr Wasar, es ist ein Familiengeheimniß.

Ich werde es so ehren.

So hören Sie denn. Wenn Sie jedoch enttäuscht werden, so ist es nicht meine Schuld. Vor jetzt gerade zwanzig Jahren saß ich eines Abends mit meiner Familie in unserm gemüthlichen Familienzimmer beisammen. Es war in diesem nämlichen Hause. Es war schon spät, die Mitternacht war nicht mehr fern, und ich

5*

hatte wohl Unrecht, wenn ich sagte, ich hätte mit meiner Familie beisammen gesessen. Aber, Herr Wasar, Sie kennen ja unser schönes Familienleben, und wie leicht denkt man da immer zunächst an dieses, als ein Ganzes. Meine drei Kinder waren damals schon geboren, aber sie waren noch klein; Melanie zählte noch nicht einmal zwei Jahre. Alle Drei schliefen schon lange ruhig in ihren Bettchen. Nur meine Frau und ich allein waren noch wach und noch auf. Wir sprachen von unseren reizenden Kindern und von unserem Glück. Draußen war ein furchtbares Unwetter, beinahe, wie es am gestrigen Abend war. Der Novemberwind heulte, der Schnee fiel dicht, die Luft war eisig. Bei solchem Wetter plaudert es sich doppelt süß am warmen Ofen, von dem Glücke der Familie.

Auf einmal vernahmen wir durch das Heulen des Sturmes etwas, das sich unserem Hause nahte. Wir hatten keinen Besuch zu erwarten; meine sämmtlichen Hausgenossen waren einheimisch; dieses Haus liegt und lag auch damals einsam an dem Abhange des Berges; Niemand hatte hier um Mitternacht etwas zu thun; wer konnte zu solcher Zeit und in solchem Wetter sich hierher verirren? Wir glaubten uns getäuscht zu haben. Aber der Sturm ließ einen Augenblick nach, die volle Stille der Nacht trat ein, und durch sie hörten wir deutlicher, wie Pferde und wahrscheinlich ein Schlitten herankamen.

Sie naheten sich langsam. In dem nämlichen Augen=
blicke fingen meine Hunde an zu bellen. Ich hielt da=
mals zur Sicherheit zwei auf dem Hofe angekettete
Hunde. Sie bellten laut, heftig, wie immer, wenn sie,
zumal in der Nacht, das Nahen von etwas Ungewohn=
tem ankündigten. Während ihres Geheuls war nichts
Anderes zu hören. Auf einmal wurden sie still. Einer
der Knechte war hinausgegangen. Ich hörte, wie er
ihnen Ruhe gebot. Aber jetzt vernahm ich auch nichts
mehr von einem Schlitten und von Pferden. Die Hunde
knurrten noch eine Weile; dann wurden sie ganz still.
Der Knecht kehrte in das Haus zurück; er mußte draußen
gleichfalls nichts weiter gehört haben.

Ich rief ihn zu mir in das Zimmer. Er war ein
alter Litthauer — jetzt längst todt. — Ich fragte ihn,
was draußen gewesen sei. Er hatte das Nämliche ge=
hört, wie ich, Pferde, einen Schlitten, die in der Nähe
gewesen waren, dann das Bellen der Hunde. Er war
hinausgegangen, die Thiere zu beruhigen. Sie hatten
nicht sofort schweigen wollen. Es war ihm unterdeß
vorgekommen, als wenn das, was er gehört hatte, sich
wieder entferne. Als die Hunde ruhig waren, hörte er
gar nichts mehr, eben so wie ich. Er war in das Haus
zurückgekehrt. Es war Alles ruhig geblieben.

Aber während ich noch mit ihm sprach, fingen die
Hunde wieder an unruhig zu werden. Sie knurrten

zuerst nur wieder, lange, mit Pausen, als wenn sie selbst horchten.

'Geh' hinaus, Mix, sagte ich zu dem Knecht. Da scheint doch wieder etwas zu sein.'

Auf einmal bellten die Hunde laut, wild, wie in rasender Wuth auf; sie sprangen und rissen und zerrten an der Kette.

Meine Frau zitterte am ganzen Körper.

Selbst mich wollte es unheimlich anfliegen, und Sie kennen mich, Herr Wafar, und wissen, daß ich nicht zu den Furchtsamen gehöre.

Der Knecht war schon aus dem Zimmer gesprungen.

Ich wollte ihm nach. Meine Frau hielt mich gewaltsam zurück.

Laß mich nicht allein, theurer Freund, rief sie. Verlasse mich und die Kinder nicht.

Sie umklammerte mich.

Ich suchte ihr das Thörichte ihrer Angst zu beweisen.

Es war vergeblich.

Die Frauen, Herr Wafar, haben nun einmal feinere und zartere Nerven, als wir Männer.

Das Bellen der Hunde dauerte unterdeß fort.

Die Knechte — dem einen waren die anderen gefolgt — konnten sie nicht beruhigen. Nur auf ein oder zwei Sekunden wurde Ruhe; lauteres Geheul folgte sofort wieder.

Plötzlich vernahmen wir ein lautes Rufen.

Die Knechte riefen, schrien auf, alle zugleich. Es war ein Schrei der Ueberraschung und des Entsetzens.

Meine Frau fiel beinahe ohnmächtig in meine Arme.

Ich selbst horchte gespannt.

Da trat der Knecht Mir wieder herein. Er sah blaß, verstört aus.

Herr, Du mußt einmal herauskommen, sagte er.

Was giebt es, Mir?

Wir wissen es selbst nicht, Herr.

Habt Ihr etwas gehört oder gesehen?

Wir haben etwas gehört und gesehen, Herr.

Und was war es?

Ich kann es Dir nicht sagen, Herr. Wir gingen nicht hin.

Ah, Ihr hattet keinen Muth!

Es war auch so graulich, Herr.

Ich ging mit ihm hinaus.

Es war wirklich unheimlich draußen, Herr Wasar, und jenen Menschen der Furcht und des Aberglaubens hatte wohl grausig werden können.

Die Nacht war rabenschwarz. Der fallende Schnee verfinsterte die Luft völlig. Die Knechte trugen eine Laterne bei sich. Ihr dunkelroth flatternder Schein warf fast gespenstische Lichtstreifen umher. Die Hunde waren an ihren Ketten unruhig; sie rissen und zerrten

nicht mehr daran, sie heulten nicht mehr. Aber sie gin=
gen ängstlich hin und her, winselten und sahen sich
scheu um. Die Knechte — es waren ihrer Drei, und
sie waren Alle Litthauer — standen dicht beisammen
um die Laterne, in der Nähe der Hunde. Ich war zu
ihnen getreten.

Was habt Ihr gehört? fragte ich sie.

Ein leises Wimmern, Herr. Es ging Einem durch
Mark und Bein.

Wo war es?

Dort hinten.

Sie zeigten in eine Ecke des Hofes, nach dem Ende
des Wohnhauses hin.

Auf dem Hofe vor dem Hause standen wir.

Seid Ihr hingegangen?

Ja, Herr, aber als wir in die Nähe kamen —

Nun?

Da mußten wir wieder umkehren.

Ihr mußtet? Und warum?

An der Erde lag etwas Dunkles, Schwarzes. Es
bewegte sich nicht, und doch war es das, das winselte.

Ihr besahet es nicht näher?

Es war gar zu graulich.

Folgt mir mit der Laterne.

Wohin, Herr?

Nach hinten dort, wo das liegt, von dem Ihr sprecht.

Herr, gehe nicht dahin. Es kann der Böse selbst sein. Memmen, sagte ich.

Gieb mir Deine Laterne, befahl ich dem, der die Laterne trug.

Er gab sie mir.

Ich ging nach der Stelle, die sie mir gezeigt hatten.

Zehn Schritte von dem Ende des Hauses sah ich an der Erde einen dunklen Gegenstand. Er zeichnete sich klar auf dem weißen Schnee ab. Es schien irgend etwas Zusammengerolltes zu sein. Es bewegte sich nicht. Es gab auch keinen Ton von sich. Ich trat ganz zu ihm heran. Ich ließ das Licht der Laterne voll darauf fallen.

Ich erkannte einen schwarzen Schafpelz, der in der That zusammengerollt war.

Ich bückte mich zu ihm nieder. Ich wollte ihn mit den Händen näher untersuchen.

Auf einmal bewegte er sich. Ein Wimmern, ein Winseln drang daraus hervor.

Ich flog unwillkürlich zurück in die Höhe.

Ich leugne es nicht, Herr Wasar. Ein jäher Schreck war plötzlich Meister über mich geworden. Jene einfältigen Menschen hatten mich mit ihrer Furcht angesteckt; auch die Furcht ist nun einmal ansteckend. Denken Sie sich das Ungewohnte und Ueberraschende selbst. Aber ich hatte in demselben Momente auch meinen vollen Muth wieder. Ich beugte mich wieder über den Pelz, ich rollte ihn auseinander.

Ein Kind kam zum Vorschein. Ein kleines Kind, das nur erst wenige Wochen zählte.

Es war warm und sicher gegen die Kälte in den dichten Pelz eingehüllt gewesen.

Es hatte die Augen geöffnet. Es wimmerte wohl vor Hunger.

Ich wickelte es wieder in den Pelz und nahm es in meinen Arm.

Die Knechte hatten Muth bekommen, da sie sahen, daß mir nichts geschehen war.

Sie waren mir gefolgt.

Was war es, Herr?

Ein kleines Kind! Sehet her, Ihr Memmen, die Ursache Eurer thörichten Furcht.

Ich zeigte ihnen das Kind. Sie schämten sich.

Aber nun macht Eure Feigheit wieder gut. Zerstreut Euch augenblicklich nach allen Gegenden, den Menschen zu suchen, der das arme, hülflose Würmchen in so kalter, schrecklicher Nacht hier kann ausgesetzt haben. Was Ihr findet, bringt Ihr hierher.

Das soll geschehen, Herr.

Sie verließen den Hof nach allen Richtungen.

In der Scham über ihre Feigheit hatten sie jetzt doppelten Muth.

Ich ging mit dem Kinde in das Haus, zu meiner Frau, die in Angst meiner Rückkehr harrte.

Was war es, Charles? fragte auch sie.

Für uns ein Werk der Barmherzigkeit, mein süßer Engel.

Ich rollte den Pelz wieder auseinander.

Ich übergab ihr das Kind.

Meine Frau ist in Wahrheit ein Engel, Herr Wasar; Sie kennen sie ja.

Sie drückte das arme Wesen an ihr Herz, wie eine Mutter, die das verlorene Kind wieder findet.

Das Kind hatte Hunger. Es mußte lange nichts genossen haben.

Es erhielt Nahrung.

Es wurde ruhig, es schlief.

Wir besahen es nachher, wir untersuchten seine Kleidung, den Pelz, in den es eingehüllt gewesen war.

Es war ein schönes, fein gebautes Kind; ein Mädchen. Es konnte höchstens drei bis fünf Wochen alt sein.

Seine Kleidung bestand aus sehr feiner Leinewand, auch das Mützchen, das es um den Kopf trug. Nirgends war ein Name, eine Nummer, oder sonst ein Abzeichen darin zu finden. Indessen hatte der Schnitt des Zeuges etwas Fremdes. Meine Frau versicherte, in dieser Gegend nirgends einen ähnlichen Schnitt gefunden zu haben, weder in einer gewöhnlichen, noch in

besseren Familien. Die Feinheit der Leinewand und
eine unverkennbare Eleganz der ganzen Bekleidung ließ
auf eine bessere Familie, aus der das Kind gekommen
oder genommen sein müsse, schließen.

Der Pelz freilich wieder nicht. Er war ein war-
mer, aber ganz gewöhnlicher Schafpelz, wie die Litthauer,
und besonders die Kuren, hier zu Lande ihn zu tragen
pflegen.

Indessen, als meine Frau das Kind entkleidete, fiel
aus einer Binde ein kleines Blättchen Papier hervor.

Wir griffen es auf.

Es enthielt nur wenige Worte.

Nehmt dieses Kind gütig auf. Haltet und erzieht
es, wie das Eurige. Es wird Euch gelohnt werden an
Euren Kindern.

Die Worte waren in englischer Sprache, mit Blei-
feder, von einer verstellten Hand geschrieben, wir ver-
mutheten, von einer Frauenhand.

Das war Alles, was wir fanden.

Wir standen vor einem Räthsel.

Aber unser Entschluß stand fest, unter allen Umständen das Kind zu halten und zu erziehen, als wenn es
unser eigenes Kind sei.

Von den Knechten, die ich ausgeschickt hatte, erwar-
teten wir noch Aufklärung.

Sie kehrten zurück. Sie brachten keine Aufklärung.

Nur Einer von ihnen hatte etwas gesehen. Er war
schon drei- bis vierhundert Schritte weit vom Hause
entfernt gewesen, als er seitab eine dunkle Gestalt sich
rasch über den Schnee hin bewegen sah. Er eilte auf
sie zu. Die Gestalt bewegt sich rascher. Er eilt ihr
nach. Sie ist schneller, als er. Es war der alte Mir.
Er verdoppelte seine Anstrengungen, um sie zu erreichen.
Er kommt ihr näher. Er kommt ihr so nahe, daß er
eine Frauengestalt erkennt. Aber auf einmal kommt ihr
etwas entgegen. Es ist ein Schlitten. Sie springt
hinein. Der Schlitten wendet. Er fliegt mit ihr fort.
Er verschwindet mit ihr aus den Augen des alten Mir.

Mir hat seinen Kameraden zugerufen. Sie eilen zu
ihm. Sie setzen mit ihm dem Schlitten nach. Sie
holen ihn nicht ein. Sie bekommen ihn nicht einmal
wieder zu Gesicht.

Seine Spur finden sie nur; aber in dem tiefen,
frischgefallenen und noch immer neufallenden Schnee nur
undeutlich, unvollkommen. Zwei Pferde hatten einen
Schlitten gezogen; weiter vermögen sie nichts zu erken=
nen, weder die Beschaffenheit des Schlittens noch der
Hufe. So verfolgen sie ihn bis zu der Poststraße am
Schwarzorter Berge. Dort, nach der offenen See hin,
hat der Wind in dem Schnee Spuren und Alles ver=
weht. —

Das Räthsel, vor dem wir standen, blieb ungelöst.

Es ist bis heute ungelöst geblieben.

Alle unsere Nachfragen und Nachforschungen, die wir sofort am anderen Morgen anstellten, die wir Jahre lang fortsetzten, haben uns nicht die geringste weitere Aufklärung, nicht die leiseste fernere Spur gebracht. Niemand wußte etwas von einem Schlitten, von einer Frau. Kein Mensch kannte die Bekleidung des Kindes, kein Mensch den alten Pelz. Nie fanden wir eine Handschrift, aus der wir auf die des kleinen Zettels hätten schließen können. Niemals hat Jemand nach dem Kinde sich erkundigt.

Gehalten haben wir es — wir nannten es Marie — immer wie unser Kind.

Sie wissen jetzt Alles, Herr Wasar.

Alles, Herr Morlot? fragte Edmund Wasar.

Er hatte die Erzählung des Herrn Morlot ruhig und ohne den Erzähler nur ein einziges Mal zu unterbrechen, angehört. Daß sein Gesicht zuweilen Mißtrauen zeigte, dem hatte er freilich nicht wehren können. Mit Mißtrauen sprach er auch die Frage aus.

Der Herr Charles Morlot antwortete ihm aber ruhig:

Ja, Herr Wasar, ich kann nicht dafür, wenn Sie sich enttäuscht finden.

Edmund Wasar schien indeß wenigstens noch nicht enttäuscht zu sein.

Ihr alter Mir lebt wohl nicht mehr, Herr Morlot? fragte. er.

Der treue Mensch ist schon seit vielen Jahren todt, Herr Wasar.

Und die anderen Knechte?

Sie blieben nicht lange hier, wie das auf dem Lande so geht.

Und Sie wissen nicht, wo sie sind?

Ich habe mindestens seit funfzehn Jahren von keinem einzigen von ihnen etwas gehört.

Aber die Kleidungsstücke, in denen das Kind zu Ihnen gebracht war?

Sie sind noch da.

Sie könnten die Güte haben, sie mir zu zeigen?

Sehr gern. Ich habe sie gerade in diesem Zimmer verwahrt.

Der Herr Morlot schloß einen alterthümlichen Schrank auf, wie er auch in dem grünen Salon sich befand. Kinderkleidchen, wie er sie früher beschrieben hatte, wurden darin aufbewahrt.

Wasar besah sorgfältig die feine Leinewand, die kein Zeichen trug, aber von dem langen Liegen vergelbt war.

Ein englischer Schnitt, sagte er.

Bekannte, die längere Zeit in England gewesen

waren, wollten das Nämliche behaupten, bemerkte der Herr Morlot.

Haben Sie nicht auch noch andere Behauptungen gehört, Herr Morlot?

Ich verstehe Sie nicht, Herr Wasar.

Herr Morlot, erlauben Sie mir ein paar aufrichtige Bemerkungen?

Ich bitte darum.

Sie sind ein Ehrenmann, Herr Morlot.

Ich denke.

Ein Ehrenmann braucht nicht gerade die Güter dieses Lebens zu verschmähen.

Ich wüßte nicht, warum er das sollte.

Im Gegentheile, namentlich auch für das Glück seiner Kinder soll und muß er sorgen.

Gewiß, Herr Wasar.

So wollen Sie für das Glück Ihres Sohnes Adalbert sorgen, indem Sie ihm Marie zu Frau bestimmen.

Es ist der Wunsch der Beiden; ihre eigene, freie Selbstbestimmung, Herr Wasar, wie ich schon die Ehre hatte, Ihnen zu sagen.

Aber es ist doch auch Ihr Wunsch, Herr Morlot?

Das Glück meiner Kinder ist immer mein Wunsch.

Ich bezweifle es gewiß nicht, Herr Morlot. Aber ich muß wiederum etwas Anderes bezweifeln. Würde diese Verbindung Ihr, würde sie Ihres Sohnes Wunsch sein, wenn Sie nicht wüßten, daß Marie ein reiches Mädchen ist?

Welch ein Gedanke, Herr Wasar!

Ah, Herr Morlot, Sie finden nur einen Gedanken und keine Beleidigung darin! Dann habe ich Recht.

Ich kenne Sie zu sehr als einen Ehrenmann, sagte der feine Herr Morlot, als daß ich Ihnen zutrauen sollte, Sie wollten mich, zumal ohne allen Grund, beleidigen.

Edmund Wasar war noch feiner.

Bei Gott, Herr Morlot, jetzt bin ich meiner Sache vollends sicher. Sie haben noch weitere Nachrichten über Marie. Theilen Sie sie mir mit. Ich bitte Sie dringend darum. Ihr Sohn Adalbert wird ohnehin nie der Mann Mariens. Sie wird noch heute Ihres Neffen Robert Frau. Vielleicht ist sie es schon in diesem Augenblicke. —

Herr Charles Morlot fiel aus den Wolken.

Roberts? Meines Neffen Roberts? rief er.

Allerdings, Herr Morlot, zu ihm ist Marie aus Ihrem Hause geflüchtet.

Und nicht mit Ihnen? Zu Ihnen?

Edmund Wasar lachte.

Fräulein Melanie ist in der That sehr verschwiegen gewesen.

Meine Kinder verschweigen mir nichts Herr Wasar. Melanie besonders ist die kindliche Offenherzigkeit selbst.

Die Thür des Salons wurde aufgerissen.

Fräulein Melanie hatte sie so rasch geöffnet.

Sie wollte eben so rasch in das Zimmer treten.

Sie blieb überrascht, betroffen auf der Schwelle stehen.

Sie hier, Herr Wasar? Entschuldigen Sie. Ich suchte meinen Vater.

Sie wollte umkehren. Freilich zögerte sie. Aber ihr Zögern war vergeblich.

Edmund Wasar hielt sie nicht zurück.

Er verbeugte sich schweigend gegen sie.

Aber Fräulein Melanie hatte Geistesgegenwart.

Sie kehrte nicht um. Sie trat in das Zimmer ein. Sie ging auf Edmund Wasar zu. Sie hatte ein sehr betrübtes Gesicht.

Ah, Herr Wasar, da ich Sie hier einmal treffe —. Es ist zwar eine unangenehme Nachricht, die ich Ihnen mitzutheilen habe. Sie sind der Freund des armen Robert. Aber Sie würden es doch erfahren, und Sie müssen es erfahren. Robert ist von den Gensd'armen ergriffen und sitzt schon wieder in dem Gefängnisse der Kreisjustizcommission zu Memel. Diesmal leider fester und sicherer, als das erstemal.

Auch das Gesicht des Herrn Charles Morlot war sehr betrübt geworden.

In der That, Herr Wasar. Auch ich wollte es Ihnen gerade mittheilen. Mein armer Neffe Robert ist noch gestern Abend wieder verhaftet worden. Es hatte sich dabei um ein Mißverständniß gehandelt. Die Gens= d'armen waren daher mit ihm hier, und von hier aus haben sie ihn zu unserem tiefsten Leidwesen weiter nach Memel transportirt.

Edmund Wasar mußte plötzlich lachen.

Er war auf die Nachricht, die er so auf einmal er= fuhr, nicht vorbereitet gewesen. Sie gab ihm einen tiefen Stich in das Herz. Er konnte sie nicht bezwei= feln. Er erschrak fast im ersten Momente. Warum er dann gleichwohl beinahe laut auflachen mußte? Robert Morlot that ihm gewiß leid genug; die arme Marie noch mehr. Aber er hatte die Gefängnißbeamten in Memel kennen gelernt, und er hatte erst tausend Thaler von den sechstausend ausgegeben, die er zur Befreiung des Wiedergefangenen bestimmt hatte. So setzte er sich über die Hauptsache am Ende wohl leicht hinweg, und dann konnte ein Gedanke an den ehrenwerthen Master Cokburn, dem sein Kutscher genommen war, ihn aller= dings zum Lachen reizen.

Daran mochte freilich die schöne Melanie nicht denken.

6*

Sie glauben unsere Nachricht nicht, Herr Wasar? fragte sie spöttisch.

O, mein Fräulein, ich glaube sie vollkommen.

Und Sie können darüber lachen?

Und Sie müssen nicht darüber lachen, Fräulein Melanie, wenn Sie an die Abenteuer des gestrigen Abends zurückdenken?

Der Herr Morlot sah fragend seine Tochter an.

Fräulein Melanie wurde roth.

Wir haben es schon einmal im Laufe dieser wahren Geschichte bemerken müssen, kein Mensch hat in den verschiedenen Verhältnissen und Lagen des Lebens, die ihn treffen können, immer die Herrschaft über sich, die Gewalt über sein Aeußeres; auch dem Sichersten und Gewandtesten fällt zuweilen die Rolle aus der Hand.

Was ist das, Melanie? fragte der Vater, dem seine Kinder nichts verschwiegen.

Nachher, Vater, sagte Fräulein Melanie, die kindliche Offenheit selbst.

Aber sie besann sich.

Ja, Vater, ich habe Dir gestern Abend nicht Alles gesagt. Der Fremde war dabei. Da war es nicht möglich.

Ich wußte, ich weiß es ja, mein liebes, mein braves, mein edles Kind, sagte gerührt der Herr Morlot. Bedarfst Du noch einer Rechtfertigung?

Er küßte sie zärtlich.

Sie sah glücklich den Herrn Wasar an.

Herr Wasar, erzählen Sie jetzt dem Vater Alles.

Er weiß ja schon Alles, sagte Edmund Wasar. Daß Marie zu Robert kam, den ich befreit hatte; daß die Beiden gleich gestern getraut werden sollten, daß Sie die arme Marie nicht allein den Weg durch die Nacht wollten machen lassen, —

Der Herr Morlot wurde noch gerührter.

Das war es? O, Du großmüthigstes aller Herzen! Du edelste, Du bescheidenste, Du aufopferndste Seele! Das war Dein Geheimniß! Herr Wasar, Herr Wasar, welch ein glücklicher Vater bin ich!

Ja, Herr Morlot, das sind Sie. Aber nun bitte ich Sie auch, mir zu sagen, was Sie noch weiter von Marie wissen. Zur Erwiederung sollen Sie dann nach= her von mir erfahren, daß, wenn meine Nachrichten mich nicht trügen, Marie sehr leicht Herrin über eine Million sein kann.

Die Augensterne des Herrn Morlot erweiterten sich.

Hm, also wirklich eine Million? Und der arme Ro= bert ist wieder Gefangener und wird zu Zuchthausstrafe verurtheilt werden, und kann dann doch unmöglich ein unbescholtenes Mädchen heirathen, das so viele Jahre in meinem Hause —. Ah! wie mir das Alles nahe geht! Aber nun, mein lieber Herr Wasar, da ich sehe,

welchen innigen und uneigennützigen Antheil Sie an
dem Schicksale der guten Marie nehmen, nun erfahren
Sie auch, was mir noch sonst über sie mitgetheilt ist.
Es ist ein Geheimniß, das ich nur den treuesten und
erprobtesten Freunden des armen Kindes und unseres
Hauses anvertrauen durfte, und dazu darf ich Sie fortan
rechnen.

Von einem uneigennützigen Antheil sprach der Herr
Merlot; darin war er aufrichtig. Daß Wasar nicht die
Million Mariens erheirathen wolle, darüber konnte er
sicher sein.

Er erzählte:

Es war zuerst am gestigen Morgen, als nach zwanzig
Jahren irgend ein Mensch bei mir über Marien Erkundigungen einzog. Ich machte meine gewöhnliche
Morgenpromenade — sie erfrischt den Geist wie den
Körper. — Ich nahm meinen Weg über den Berg,
nach dem Strande der Ostsee hin. Er führte mich an
dem alten Ritterschlosse da oben vorüber. In dessen
Nähe traf ich auf einen Fremden, der sich die verfallenen und nur zum Theil wieder hergestellten Gebäude
ansah. Als ich in seine Nähe kam, trat er auf mich
zu. Es war ein Mann in schon etwas vorgerücktem
Alter; er zeichnete sich besonders durch ein Gesicht aus,
das man eben nicht schön nennen konnte; es hatte
Blatternarben, und eine große, breite Narbe, von irgend

einer Verwundung herrührend, durchzog es fast seiner ganzen Länge nach. Er redete mich an, zuerst in deutscher Sprache. Er fragte mich, ob ich Englisch verstehe. Als ich es bejahte, sprach er in englischer Sprache weiter.

Wem dieses alte Gebäude gehöre? fragte er.

Einem Kaufmann Morlot in Memel, antwortete ich.

Ob ich den Herrn kenne?

Gewiß, es sei mein Bruder.

Ah, Ihr Bruder! rief er überrascht, aber seine Ueberraschung kam mir etwas gemacht vor.

Ich nahm mir vor, gegen ihn auf meiner Hut zu sein, wenn er weiter sprechen werde.

Er sprach weiter.

Sie wohnen ebenfalls in Memel?

Ich wohne hier in der Nähe, auf einem Landgute.

Schon seit langer Zeit?

Seit beinahe dreißig Jahren.

Sie wohnen in einer rauhen, wilden Gegend.

Aber in einer interessanten.

Ich glaube. Sie erleben hier auch wohl mitunter interessante Abenteuer?

Er sah mich forschend, lauernd an.

Ich wüßte nicht, antwortete ich ihm gleichgültig.

Er sann ein paar Sekunden nach. Dann nahm er auf einmal ein anderes Wesen an.

Mein Herr, sagte er dringlich, mit unterdrückter Lei=
denschaftlichkeit, ich muß ganz offen gegen Sie sein.
Sie werden sehen, warum. Ich bin schon seit zwei
Tagen in der Gegend, mit einem Schiffe, das auf der
Rhede liegt. Ich habe mich nach Ihnen erkundigt. Ich
erfuhr, daß Sie täglich hierher einen Spaziergang
machen. Ich suchte Sie hier auf. Ich habe eine drin=
gende, wichtige Frage an Sie.

An mich, mein Herr? fragte ich ihn. Aber ich kenne
Sie nicht.

Ich habe auch Sie bisher nicht gekannt. Aber ich
bitte, hören Sie mir zu.

Darf ich um Ihren Namen bitten? fragte ich ihn
noch. —

Er thut nichts zur Sache, meinte er.

Dann erzählte er:

Ich war schon vor zwanzig Jahren hier. Unauf=
schiebbare Geschäfte führten mich hierher. Ich hatte ein
Kind mit mir nehmen müssen, ein Mädchen, das da=
mals erst wenige Wochen alt war. Aus welchem Grunde
und zu welchem Zwecke, mein Herr — es kann für den
Augenblick gleichgültig sein. Ich verlor mein Kind,
hier, gleich nach meiner Ankunft, nicht durch den Tod,
auf andere Weise. Es entkam mir. Das Nähere auch
darüber ist hier gleichgültig. Ich fand es nicht wieder.
Ich mußte allein wieder abreisen, ohne mein Kind, ohne

zu wissen, wo oder in wessen Händen es sich befand. Erst jetzt konnte ich hierher zurückkehren, um mein Kind wieder aufzusuchen. Widrige Schicksale hatten mich die ganze Zeit über fern in fremden Ländern gehalten, hatten es mir unmöglich gemacht, nur nach meinem Kinde mich zu erkundigen. Ich habe nur Eine Spur von ihm hier auffinden können. Man wollte davon gehört haben, daß Ihnen, mein Herr, vor zwanzig Jahren ein Kind, ein Mädchen, in einem Alter von wenigen Wochen, durch unbekannt gebliebene Personen auf eine räthselhafte Weise zugebracht sei. Näheres konnte man mir nicht mittheilen. Zwanzig Jahre sind eine lange Zeit. Sie lebten schon damals und leben noch jetzt in keiner näheren Beziehung zu Ihrer gesammten Nachbarschaft, die fast nur aus armen litthauischen Fischern und Arbeitern besteht; der Litthauer, sagte man mir ferner, bekümmert sich um den Deutschen nicht. So wußte man nur wenig von Ihnen und Ihrer Familie, und nur wie an eine dunkle Sage konnte man sich zuletzt halb und halb daran erinnern, daß vor vielen Jahren von jener räthselhaften Aufnahme eines fremden Kindes in Ihr Haus einmal gesprochen sei. Ich beschloß, um näheren, gewisseren Aufschluß zu erhalten, mich an Sie selbst zu wenden. Darf ich um Ihre Antwort bitten, mein Herr?

Das war die Mittheilung, die Frage des Fremden an mich.

Seine Frage brachte mich in eine eigenthümliche Situation. Der Mann war mir wildfremd. Sein Aussehen war, abgesehen von seiner Häßlichkeit, nicht vertrauenerweckend. Er hatte, anstatt in mein Haus zu kommen, mich auf dem einsamen Spaziergange überrascht. Er hielt mit so vielen Umständen in einer Weise zurück, die ihn geradezu verdächtig machen mußte. Sollte, durfte ich ihm die Wahrheit sagen? Andererseits konnte ich auch als ehrlicher Mann ihm keine positive Unwahrheit vorbringen. Ich bezahlte ihn so ziemlich mit seiner eigenen Münze.

Sie können mir, fragte ich ihn, gar nichts über die Art und Weise mittheilen, wie Sie Ihr Kind verloren?

Nein, mein Herr.

Sie können oder wollen mir auch Niemand nennen, mit dem Sie zu jener Zeit hier in Verbindung gestanden hatten, oder in Verbindung gekommen waren?

Ich kann auch das nicht.

Können Sie mir die Kleidung beschreiben, die Ihr Kind trug?

Es war durchweg in feine, weiße Leinewand gekleidet.

Welche Zeichen trug die Leinewand?

Gar keine. Sie war in einem Magazin Londons gekauft.

Was ist Ihre Absicht, wenn Sie Ihr Kind wieder finden?

Ich würde es als mein Kind mit und zu mir nehmen.

Könnten Sie Garantieen für eine anständige Existenz des Kindes bieten?

Ich bin wohlhabend, ich bin reich, mein Herr.

Und doch war es Ihnen zwanzig Jahre lang un= möglich, nach Ihrem Kinde sich nur zu erkundigen?

Ich habe Ihnen schon gesagt, daß mich eigenthüm= lich widrige Schicksale zurückhielten.

Sie müssen in der That sehr eigenthümlich gewe= sen sein.

Das waren sie. Aber, mein Herr, darf ich Sie um eine Antwort statt der Fragen bitten?

Ich mußte ihm antworten.

Mein Herr, sagte ich ihm, vor zwanzig Jahren ist wirklich auf geheimnißvolle Weise ein Kind, ein Mäd= chen, im Alter von wenigen Wochen, in mein Haus gebracht worden, mit der Bitte, es wie mein eigenes Kind zu halten und zu erziehen. Ich habe das gethan bis auf den heutigen Tag. Habe ich auch keine Rechte, so habe ich doch Pflichten dadurch erworben, und nament= lich nach unseren Gesetzen die, das Kind nur durch Ver= mittelung unserer Gerichte an den herauszugeben, der seine Rechte an dasselbe nachweisen kann. Ich kann Ihnen deshalb nur überlassen, sich an das Gericht in Memel zu wenden, und diesem den Beweis zu führen, daß Sie der Vater des Kindes sind. Durch das Gericht werde ich es Ihnen alsdann herausgeben.

Meine Worte versetzten ihn in ein tiefes, langes Nachdenken.

Es ist Ihr letzter Entschluß? fragte er mich dann.

Mein letzter und einziger.

Sie sehen mich in einigen Tagen wieder, mein Herr.

Mit den Worten verließ er mich.

Er hatte sie fast drohend gesprochen.

Ich glaubte um so mehr auch ferner auf meiner Hut sein zu müssen.

Zunächst erkundigte ich mich unter der Hand, ob Niemand etwas von dem Fremden wisse. Nur, daß er in dem Fischer= oder Schmugglerkruge am Strande sich aufgehalten habe, erfuhr ich zuletzt. Ich begab mich dahin. Er war seit zwei Tagen hingekommen, erfuhr ich von den Krügersleuten. Er war scheu, geheimniß= voll gewesen; war in einem Boot angekommen und auch wieder zurückgefahren, immer allein; das Boot war jedesmal sofort wieder zurückgekehrt. Seinen Namen hatte er nicht genannt. Aber nach einem Kinde hatte er geforscht, wie bei mir, und von den Krügersleuten

hatte er das erfahren, worauf er seine Fragen an mich
stützte. So wußten auch sie wenig von ihm. Indeß
war einmal einer der Leute, die ihn in dem Boote ab-
holten, in den Krug gekommen; er hatte auf ihn warten müssen, und die Wirthin hatte sich mit ihm in ein
Gespräch eingelassen. Da hatte sie denn erfahren, daß
der Fremde ein sehr reicher Herr sei, der das Schiff,
das auf der Rhede liege, auf seine alleinige Kosten aus-
gerüstet habe; er müsse wenigstens ein Millionair sein.
Mehr hatte auch der Mann nicht wissen, oder nicht
sagen wollen.

Jetzt, Herr Wasar, schloß der Herr Morlot seine
Mittheilung, wissen Sie gewiß Alles.

Und jetzt glaube ich Ihnen, Herr Morlot, sagte
Edmund Wasar.

Weiter sagte er nichts.

Und er hatte doch so viel zu sagen. Aber durfte er?
Durfte er hier den Namen James Morlot aussprechen?
Den der Frau Morlot, des Kutschers Annus, nur den
des Diebes Toms Kurszat?

Ich danke Ihnen für Ihre Mittheilungen, sagte er
nur noch.

Er wollte gehen. Er wußte ja Alles, was er hier
erfahren konnte. Er wußte genug.

Aber der Herr Morlot hielt ihn.

Herr Wasar, Sie wußten ebenfalls, sogar genau,

daß Marie eine Millionairin sei. Woher hatten Sie Ihre Nachricht?

Die Million Mariens lag dem Herrn Charles Morlot sehr am Herzen.

Sie sehen auch mich in einigen Tagen wieder, Herr Morlot, antwortete Edmund Wasar.

Er ging.

Herr Charles Morlot und seine schöne Tochter standen in tiefen Gedanken.

Marie darf nicht Roberts Frau werden, sagte der Vater.

Aber ich muß Wasars Frau werden, sagte die Tochter.

Und nicht Gräfin Wildberg, Melanie?

Eine arme preußische Gräfin?! Laß der arme Adel bei dem armen Adel bleiben.

Vater, sagte sie dann, Adalbert muß jenes Mädchen heirathen.

Welches Mädchen, Melanie?

Die von ihm verführte Regine Brinkmann.

Die Fischerstochter?

Die Fischerstochter.

Aber warum?

Ich sagte es: ich will Frau Wasar werden.

Aber, Melanie!

Ich will. Und ich habe die Mittel. Mariens Mann

wird er nie. Sie erfährt noch heute von mir sein Ver=
hältniß zu der Verführten.

Damit ging Fräulein Melanie.

Mein Gott, mein Gott! sagte der Herr Charles
Morlot. Kein Vater kann bessere, bravere Kinder ha=
ben, als ich. Welche Sorgen machen sie mir dennoch!
Wer soll denn nun eine Million haben? Adalbert oder
Melanie?

Er stand rathlos.

4.

Ein zweiter Blutzeuge.

In dem alten Ritterschlosse oben auf dem Schwarzorter Berge gab es auch Gemächer, die eben nicht ele-
gant und nicht prachtvoll eingerichtet waren. Sie befanden sich unter und über der Erde. Ein altes Ritterschloß, zumal wenn es einem alten und zwar geistlichen
Ritterorden angehörte, hat zu seiner Zeit mancherlei
Zwecken dienen müssen, und seine Ruinen legen zuweilen
noch nach vielen Jahrhunderten mancherlei Zeugniß davon ab.

Das Ritterschloß auf dem Schwarzorter Berge war
noch immer ein großes, weitläufiges Gebäude; oder
vielmehr es war ein großer, weitläufiger Haufe mehrerer
aneinander- und zusammengefügter Gebäude. Ein Theil
davon war, selbst noch in neuerer Zeit, wieder hergestellt und, wie man auch von außen sehen konnte, wieder in einem wohnlichen, ja in einem eleganten Zustande

gebracht. Ein anderer lag wüst und verfallen da, viel=
leicht schon seit mehr als einem Jahrhundert.

In jenen wohnlichen Theil führte ein in alterthüm=
licher Weise neu hergestelltes großes Portal.

Er war bewohnt; freilich erst seit dem Abende vor
dem Tage, von welchem wir hier dem Leser den nach=
folgenden weiteren Verlauf dieser wahrhaften Geschichte
erzählen wollen.

Der Eigenthümer des Schlosses, der reiche Kaufmann
James Morlot aus Memel, war mit seiner Frau und
mit zahlreicher Dienerschaft eingezogen.

Wie das unglückliche Ehepaar an dem Abende seines
Einzuges so traurig, so tief unglücklich in dem glänzen=
den Gemache beisammen gesessen und in seine Erinne=
rung vergebens glückliche und unglückliche Tage aus
ihren jüngeren Jahren hervorgerufen hatte, um das
Glück seiner alten Tage herbeizurufen, das haben wir
bereits erzählt.

An dem heutigen Abende wollten sie in allen den
glänzenden Räumen des restaurirten Schlosses ein großes,
glänzendes Fest geben, zu welchem viele Menschen aus
Nah und Fern eingeladen waren. Die Vorbereitungen
dazu waren schon seit Wochen getroffen.

Der einzige Sohn des unglücklichen Ehepaares saß
unterdeß als Wechselfälscher in Criminalhaft. Sein
eigener Vater hatte ihn hineingebracht. Das Fest

sagte der Vater darum nicht ab. Die Mutter durfte
es nicht.

In die alten, verfallenen und nicht wieder aufge=
bauten Theile des Schlosses führten viele Thore und
Thüren und Pförtchen. Die meisten waren verschlossen
oder auch nur mit alten Bretern vernagelt. So waren
sie schon wohl seit manchem Jahre gewesen, und daß
seit dem verflossenen Herbste kein Mensch durch sie ein-
oder ausgegangen war, das zeigte der hohe Schnee, der
besonders hoch vor ihnen aufgethürmt war.

Ein einziges kleines Pförtchen war unverschlossen.
Vor ihm befand sich kein Schnee. Freilich zeigten nur
wenige menschliche Fußspuren ein Hin= und Hergehen.
Es lag an dem westlichen Ende des Complexes von
Gebäuden, die zusammen das alte Schloß bildeten. Der
wiederhergestellte Theil des Schlosses war auf der ent-
gegengesetzten Seite.

Wenn man durch das unverschlossene Pförtchen in
das Innere des Hauses trat, so befand man sich in einem
Raume, der zwar klein und eng, aber dafür desto höher
war. Man hatte nämlich die freie Aussicht bis zum
Dache des Hauses hinauf und an einzelnen Stellen so=
gar durch das offene Dach hindurch zu dem unendlichen
freien Himmel hin. Hier war Alles verfallen und ver=
kommen; selbst die hohen, schwarzen, nackten Mauern,

die den engen Raum bildeten, waren schadhaft und drohten den Einsturz.

Am besten erhalten war die Mauer links. In ihr befand sich eine breite Thür, fast die ganze Breite der Mauer selbst einnehmend. Sie war alt aber fest, von starkem Eichenholze, mit dicken eisernen Nägeln beschlagen und mit einem schweren Schlosse versehen.

Durch die geöffnete Thür gelangte man in einen weiteren, größeren Raum.

Es war ein Wohngemach.

Ganz unbewohnt war auch dieser wüste, verfallene, seit Jahrhunderten verfallene Theil des alten Schlosses nicht.

Zwei Menschen wohnten darin. Sie Beide wohnten ganz allein da.

Es war ein altes, fast uraltes Menschenpaar. In den achtziger Jahren waren sie gewiß.

Der Mann war eine hohe, starke, knochige Gestalt. Die Frau war lang und hager. Vertrocknet, von beinahe einem Jahrhundert vertrocknet waren sie Beide. Aber trotzdem noch rüstig waren sie auch Beide. Der Mann hielt seine kräftige, die Frau ihre lange, hagere Gestalt gerade und aufrecht.

Es waren der Kastellan des alten Schlosses und seine Frau.

Der Herr James Morlot hatte sie dahin gesetzt,

7*

schon vor Jahren, gleich nachdem er das Schloß ge=
kauft hatte.

Sie waren damals schon alte Leute. Sie waren
in dem Morlotschen Hause zu Memel alt geworden.
Der Mann war Packträger im Gewölbe, die Frau war
schon die Amme der Mutter des Herrn James Morlot
gewesen.

Sie standen allein für sich in der Welt, die beiden
alten Leute. Die Frau hatte ihr Kind vor der Ehe
gehabt, es war bald nach der Geburt gestorben. Sie
hatten sich dann geheirathet; aber ihre Ehe war kinder=
los geblieben. Ihre Verwandten, die sie sonst noch ge=
habt hatten, waren längst vor ihnen gestorben.

Sie wohnten auch für sich allein; allein in dem
ganzen Schlosse, wenn die Herrschaft nicht da war.

Sie bewohnten das eine Gemach. Es war ihre
Wohn= und Schlafstube, ihre Küche. Es war einfach
darin; aber sie hatten es sich bequem gemacht.

Auch sicher wohnten sie darin, trotz Einsamkeit und
Alter. Die schwere, überall mit dicken eisernen Nägeln
beschlagene Thür aufzubrechen, schien fast unmöglich.
Das einzige Fenster war mit starken eisernen Traillen
versehen. Gelang es aber auch, nach unendlich vieler
Mühe, in das Innere der Stube einzubrechen, in der
Mauer dem Fenster gegenüber befand sich eine schwere
Thür ganz von Eisen, zu der man, wie zu einem Keller,

mehrere Stufen hinuntersteigen mußte, und durch die
man in die tiefen Gänge, Keller und Verließe gelangte,
die unter dem Schlosse lagen. Durch die Thür konnten
die Bewohner flüchten; sie schlugen sie hinter sich zu.
Wer konnte ihnen folgen in die endlos durcheinander
laufenden Räume da unten, die in ihrer Ordnung und
Verbindung nur ihnen, den beiden alten Kastellansleu-
ten, bekannt waren? Stehlen konnte man ihnen viel=
leicht ihre alten Betten, wenn sie keine Zeit gehabt
hätten, sie mit sich zu nehmen. Der Herr Morlot er=
setzte sie ihnen am anderen Tage. Seitdem, schon vor
mehreren Wochen, in dem restaurirten Theile des Schlosses
die Zimmer wieder in einen wohnlichen Stand gebracht
waren, befanden sich dort auch immer Diener zur Be=
wachung da, und die beiden alten Leute konnten sich
um so sicherer fühlen.

Sie waren beisammen in dem alten Gemache, der
alte Kastellan und seine Frau.

Es war des Nachmittags. Es wollte dunkel werden.

Unter dem fünfundfunfzigsten Grade der nördlichen
Breite sind die Tage im Winter kurz; wenn die Sonne
nicht scheint, beginnt der Abend um drei Uhr Nach=
mittags.

Der alte Kastellan saß an dem großen grünen
Kachelofen der Stube und rauchte aus einer alten höl=
zernen Pfeife.

Die Frau stand an einem kleinen, offenen Heerde neben der Thür und kochte den Nachmittagskaffee.

Sie waren keine Litthauer; sie waren Deutsche, und da tranken sie Kaffee.

Beide waren sie schweigend.

Zwei alte Eheleute, die vielleicht ihre sechszig Jahre zusammen gelebt haben, sprechen mehr jeder mit sich, als mit einander; es möchte denn ein äußerer Anstoß sie bewegen, ihre Gedanken gegenseitig auszutauschen.

Ein solcher äußerer Anstoß sollte kommen.

Die Frau klapperte mit dem Kessel, in dem sie den Kaffee kochte.

Sei einmal still, Frau, sagte der Mann.

Was giebt es denn, Mann? fragte die Frau.

Sei still!

Die Frau war still.

Der Mann horchte.

Er horchte nach der eisernen Thür hinunter, die in die Räume unter dem Schlosse führte. Er horchte gespannt hin, eine ganze Weile. Er schüttelte den Kopf.

Hast Du nichts gehört, Frau?

Du weißt, ich höre manchmal nicht mehr gut. Hörtest Du etwas?

Ja, ja, ich hörte es schon heute Nacht. Ich konnte nicht schlafen.

Was? Und davon hast Du mir nichts gesagt?

Soll ich Dir jedesmal sagen, wenn ich nicht schlafen kann?

Ich meine, daß Du etwas gehört hättest. Was war es denn?

Ja, Frau, das weiß ich eben selbst nicht. Es war da unten.

An der Thür?

Gerade an der Thüre wohl nicht. Aber hinter ihr war es, und hier unter uns; gerade unter meinem Bette meinte ich es zu hören, und dann ging es weiter, weit weg, bis ich es gar nicht mehr hörte.

Aber was war es, Peter?

Es ging da unten Einer herum. Er ging langsam, hin und her. Manchmal blieb er stehen.

Sonst hörtest Du nichts?

Ist das nicht genug? Ich weiß nicht, wer da unten hinkommen könnte. Wir haben noch niemals auch nur einen Fußtritt dort gehört.

Das ist wahr, Mann.

Und außer uns Beiden weiß kein lebender Mensch dort Bescheid, und von außen ist kein Eingang und keine Oeffnung, und hier durch unsere Stube konnte Niemand gekommen sein.

Aber höre, Peter, sagte die Frau, der etwas einzufallen schien, ist nicht noch ein anderer Eingang da, als blos durch die eiserne Thür hier?

Hm, ja, Lene, da hinten in dem neuen Schlosse
führt auch noch eine solche Thür hinunter. Aber ich
habe sie in meinem Leben nicht offen gesehen, und ich
habe auch niemals gehört, daß ein Schlüssel zu ihr
da sei.

Es kann aber doch einer da sein, Peter.

Und wer sollte ihn haben?

Der Herr. Er ist seit gestern Abend hier, und heute
Nacht hast Du das gehört.

Peter dachte nach.

Hm, hm, es ist wahr. Aber was sollte er da machen?
Und jetzt wieder?

Hörtest Du es jetzt wieder gehen, Peter?

Nicht blos gehen. Es war auch, als wenn etwas
geschoben oder anders gestellt werde. Was könnte der
Herr dort zu hanthieren haben?

Auch die Frau dachte nach.

Da unten kann man Allerlei machen, Peter, und der
Herr, wenn ich bedenke, wie der so ganz anders gewor=
den ist, seitdem er weit weg in der Fremde gewesen
war —

Aber, Lene, das sind ja schon beinahe dreißig Jahre
her, daß er wieder zurück ist.

Ja, ja, eben seit den dreißig Jahren ist er ein ganz
anderer Mensch. Ich habe ihn ja von dem Tage an ge=
kannt, da er geboren wurde. Er hatte schon als Kind

seinen eigenen Kopf, und es war manchmal ein toller
Kopf; es ist wahr. Aber er war mir doch immer tau=
sendmal lieber, als sein Bruder, der Herr Charles, der
nicht warm und nicht kalt werden konnte und nur immer
einen vornehmen und so besonderen Herrn machen und
mehr sein wollte, als andere Leute. Das fiel dem jun=
gen Herrn James nicht ein. Er war wild, aber er war
immer gut, und er hatte ein Herz für alle Leute. So
kam er aus dem Hause. Er war noch jung. Es war
wohl noch zu früh für ihn. Seine brave Mutter war
zu früh für ihn gestorben. Seitdem hatte Keiner eine
rechte Aufsicht über ihn gehabt. Und nun auf einmal
schicken sie ihn in die weite, wildfremde Welt, nach
Nordamerika hin, wohin man sonst nur verdorbene Tau=
genichtse schickt, die hier gar kein gut mehr thun wollen.
Ich weiß noch, wie mir das Herz blutete, als er fort=
ging. Es war mir, als wenn er in sein Unglück ginge.
Ich sagte es ihm. Aber er lachte, er hatte damals das
leichte Blut. Sein Bruder, der Herr Charles ·lachte
auch. Aber der lachte aus einem anderen Grunde. Der
wollte den älteren Bruder los sein und er rechnete, was
ihm das einbringen werde, wenn er beim Tode des
Vaters hier allein und der Bruder da weit hinten in
Amerika sei. Ja, Gott verzeihe mir den Gedanken,
aber der Herr Charles spekulirte schon damals so. Der
Vater war ja auch immer kränklich. Und kam es denn

nicht so? Der Herr James reiste ab, und es dauerte
nicht lange, da starb der Vater. Er hatte ein Testament gemacht, und darin stand, daß der Herr James,
als der älteste Sohn, wie es auch schon früher bestimmt
gewesen war, das Geschäft übernehmen und das schöne
Haus in der Stadt mit den Speichern und den Waaren=
lagern haben solle. Dem Herrn Charles hatte der Vater
schon vorher das Gut da drüben in Schwarzort gegeben.
Aber der Herr Charles war doch nun allein, da der
Vater starb, und er konnte wirthschaften und am Ende
auch für sich nehmen, was er wollte, und nach wenigen
Jahren war er ein steinreicher Mann, die Handlung in
Memel aber, das väterliche Geschäft, war eingegangen;
das Haus und Alles kam in fremde Hände; wir Beide
selbst mußten in unseren alten Tagen, wir waren da=
mals schon alte Leute, einen anderen Dienst suchen.
Von dem Herrn James aber hieß es nach ein paar
Jahren, er habe in Amerika Alles durchgebracht und sei
ein Bettler geworden. Darüber gingen wieder Jahre
hin, und auf einmal war er wieder da. Er brachte
eine Frau mit, und mehr Geld, als sein Vater jemals
besessen hatte. Er kaufte das Haus des Vaters wieder;
er fing das alte Geschäft wieder an. Er machte aus
dem alten Hause einen neuen Palast; er baute Speicher
auf; er kaufte dieses alte Schloß. Er wurde der reichste
und vornehmste Mann in der Stadt. Aber ein ganz

anderer Mensch war er geworden, als da er aus dem
Hause des Vaters gegangen war. Was es mit ihm
war, weiß ich nicht. Gegen mich war er gut, wie er
immer gewesen war; er nahm mich gleich wieder zu sich in
das Haus, als er zurückkam, und nachher gab er uns
hier den Ruheposten, auf dem wir nichts zu thun haben,
und auf dem es uns doch an nichts fehlt. Aber in
meine Augen hat er von dem ersten Tage an nicht
wieder sehen können, und ich meine manchmal, er habe
uns hierher geschickt, um uns, oder eigentlich mich aus
den Augen zu haben. Was er hat, das mag Gott
wissen. Seine brave Mutter hat an meiner Brust gelegen, da sie geboren wurde, und meine Milch getrun-
ken und sie ist in meinen Armen gestorben, und ihn
habe ich auf den Armen getragen, da die Hebeamme
ihn in die ersten Windeln gelegt hatte, und er ist unter
meinen Augen groß geworden, und die letzte Hand, die
er in der Heimath drückte, da er nach Amerika abreiste,
das war die meine. Damals konnte er mir noch so
klar in die Augen sehen. Und jetzt —

Die alte Frau verlor sich in Gedanken.

Auch ihr Mann schien still alten Erinnerungen nach-
zugehen.

Nach einiger Zeit sprach sie wieder.

Ehe er abreiste, hatte ich ihn so lieb gehabt. Er
war mir, wie mein eigenes Kind. Seit seiner Rückkehr

habe ich ihn eigentlich ohne Schrecken nicht ansehen
können, und ich mußte oft Gott danken, daß er mein
Kind nicht ist. Und wenn ich da an seine Frau denke, die
immer bei ihm und um ihn sein muß — und sie ist
eine so brave Frau und doch —

Die alte Frau brach wieder ab. Aber diesmal nicht,
weil sie sich in ihre Gedanken verlor; sie schien sich zu
scheuen, das laut auszusprechen, was sie schon auf der
Zunge hatte.

Etwas Eigenes ist es, sagte ihr Mann, auch mit
der Frau. Sie muß recht Schweres zu tragen haben,
und der Mann allein ist es nicht. Sie kommt mir vor,
wie sein guter Engel, aber sie geht selbst dabei zu
Grunde.

Er wollte noch mehr sagen.

Er wurde unterbrochen.

Es wurde leise an die Thür der Stube geklopft.

Der Klopfende mußte auch leise hergekommen sein.
Das Ehepaar hatte vorher nicht das geringste Geräusch
vernommen, und der alte Kastellan, wenn auch seine
Frau, nach ihrer Versicherung wenigstens, manchmal
nicht recht gut hörte, hatte trotz seiner Jahre noch ein
sehr scharfes Gehör.

Wer mag da sein? sagte er.

Einer vom neuen Schlosse, meinte die Frau. Sie
wollen vielleicht über etwas Bescheid haben.

Unter dem neuen Schlosse wurde der wiederherge=
stellte Theil des alten Schlosses verstanden.

Der Kastellan war aufgestanden. Er ging zu der
Thür. Er öffnete sie.

Aus dem neuen Schlosse war Keiner da. Aber ein
ältlicher Mann in kurischer Kleidung stand in der Thür.

Der Kastellan kannte ihn nicht.

Was willst Du hier? fragte er ihn.

Bist Du der alte Kastellan hier? fragte der Litthauer
zurück.

Der bin ich. Was willst Du von mir?

Mann — oder Herr — darf ich in Deine Stube
kommen?

Der Kastellan sah sich den Fremden genauer an.
Der Mensch hatte ein scheues, fast ängstliches, verdäch=
tiges Wesen. Seine halb verschleierten Augen flogen
eilig und unsicher überall umher, über die Gestalt des
Kastellans, an ihm vorbei durch die Thür. Er war so
plötzlich, so leise herangekommen, wahrscheinlich herange=
schlichen. Aber der alte Kastellan schien keine oder wenig
Furcht zu kennen. In seiner Einsamkeit in dem alten
wüsten Schlosse mochte er sie längst vergessen haben.

Tritt herein, sagte er zu dem Litthauer.

Der Litthauer trat in die Stube.

Der Kastellan machte die Thür hinter ihm zu.

Nun, was willst Du?

Aber er erhielt auch jetzt nicht gleich eine Antwort.

Die unsicheren Augen des Litthauers flogen durch die Stube umher, suchend, prüfend, auf die alte Frau, wieder auf den alten Mann, auf die eiserne Kellerthür, auf das vergitterte Fenster. Dann sprach er freilich, aber mit einer eigenen Vorsicht, Aengstlichkeit wieder.

Du bist hier Kastellan, „alter Mann"?

Senassis! sagte er.

Sie sprachen Litthauisch, und der Litthauer redet die Leute nach ihrem Alter an.

Ich sagte es Dir schon, antwortete der Kastellan.

Dein Herr ist der reiche Herr Morlot in Memel?

Er ist mein Herr.

Und er ist jetzt hier?

Er ist jetzt hier.

Mit seiner Frau?

Mit seiner Frau.

Siehst Du die Frau wohl einmal, alter Mann?

Ich sehe sie.

Darfst Du wohl zu ihr gehen?

Ich bin ja ihr Diener.

Gingst Du wohl zu ihr, um ihr etwas zu sagen?

Was soll ich ihr sagen?

Hm, Mann, sage ihr, ein alter Litthauer habe mit ihr zu sprechen.

Hättest Du selbst mit ihr zu sprechen?

Ich selbst.

Und was ist es?

Ich kann es nur ihr sagen.

Wie heißest Du, Mann?

Warum willst Du das wissen?

Um der Herrin zu sagen, wer da sei, und sie sprechen wolle.

Muß sie vorher dazu meinen Namen wissen?

Sie spricht nicht mit jedem unbekannten Menschen.

Aber ich habe ihr etwas sehr Dringendes zu sagen, alter Mann.

Das kann sein.

Und es geht sie, die Herrin, an. Sie wird mir Dank dafür wissen.

Und Du willst mir nicht sagen, was es ist?

Ich kann und darf es nur ihr selbst sagen.

So komm mit mir. Ich werde Dich zu ihr führen.

Du willst mich zu der Herrin führen, alter Mann?

Nun ja. Du willst sie ja sprechen.

Aber wo ist sie?

In ihrem Zimmer, dort im neuen Schlosse.

Und dahin willst Du mich führen?

Dahin.

Aber da kann ich sie nicht sprechen.

Und warum nicht?

Sie muß zu mir kommen.

He, Mann, Du scheinst Deine fünf Sinne nicht beisammen zu haben.

Der Litthauer sann ein paar Augenblicke nach. Seine Augen flogen wieder suchend, mißtrauisch in dem Gemache umher. Er schien mit einem Entschlusse zu kämpfen. Er schien ihn nicht erkämpfen zu können; vielleicht doch.

Wenn Deine Herrin, sagte er, nicht zu mir kommen kann, so habe ich ihr nichts zu sagen. Und dann also mit Gott, alter Mann!

Mit Gott, su Diewo! — Es ist der Abschiedsgruß der Litthauer.

Er ging zu der Thür.

Der Kastellan hielt ihn nicht auf.

Du mußt wissen, was Du zu thun hast, sagte er ihm nur.

Aber er ging ihm nach, bis an die Thür.

Der Litthauer öffnete die Thür, trat hinein und wollte weiter gehen. Auf einmal drehte er sich um, und nun sah man ihn entschlossen, fast keck.

Er hatte doch wohl vorher einen Entschluß gefaßt. Er führte ihn jetzt aus.

Höre, alter Mann, sagte er, ich habe Dir doch noch ein paar Worte für Deine Herrin zu sagen. Gehe zu ihr und bringe ihr folgenden Bescheid von mir: Toms Kurszat, der Dieb, der gestern mit ihrem Sohne aus

den Gefängnissen des Kreisjustizraths zu Memel ent=
flohen sei, erwarte sie heute Abend um sechs Uhr unten
am Strande, zweihundert Schritt unterhalb des Schmugg=
lerkruges, da, wo in das Land eine kleine Bucht hinein=
schneidet, und wolle ihr da Dinge mittheilen, die für sie
von großer Wichtigkeit seien. Komme sie, die Herrin,
zu der bestimmten Stunde an den bestimmten Ort nicht,
so werde Toms Kurszat sich von den Gensd'armen wie=
der einfangen und nach Memel zurückbringen lassen,
und dem Kreisjustizrath Dinge erzählen, die vor zwanzig
Jahren an der nämlichen Stelle am Strande passirt
seien. Das sage Deiner Herrin, alter Mann, und ver=
giß kein Wort davon.

Toms Kurszat, der alte litthauische Dieb, hatte seine
Worte eilig gesprochen, und wie er das letzte noch auf
den Lippen hatte, rannte er schnell aus dem Hause und
er war, ohne daß er sich umgesehen hatte, um eine Ecke,
zwischen Schnee und Bäumen, den Blicken des Kastel=
lans entschwunden.

Der will Leute in Angst jagen, sagte der alte Kastel=
lan für sich, und hat selbst so große Angst. Freilich,
freilich, ein desto schlimmerer Schurke mag er sein.
Der Frau muß ich jedenfalls seine Botschaft bringen.

Lene, sprach er in die Stube zurück, ich gehe zu der
Frau in das neue Schloß. Verwahre Du derweil hier
Alles.

Er ging zu dem neuen Schloß.

Von innen stand der Theil des Schlosses, in dem er wohnte, damit nicht in Verbindung. Er mußte draußen an der ganzen Länge des Gebäudes oder der mehreren unregelmäßig zusammengefügten Gebäude, entlang gehen. Es waren mitunter verfallene Mauern, einzelne vollständige Ruinen, an denen er so vorüber mußte. Den Mauern entsprach der Weg, den er zu nehmen hatte. Von einem Schloßhofe war keine Rede. Dicht an dem Gebäude waren früher wahrscheinlich regelmäßige Wälle und Gräben gewesen. Jetzt waren noch unregelmäßige Erhöhungen und Vertiefungen da, über die und durch die der Weg führte. Gleich daneben war der Berg schon abschüssig und mit Bäumen besetzt, unter denen der Schnee ellenhoch lag.

Erst an dem restaurirten Theile des Schlosses, dem sogenannten neuen Schlosse, ganz am anderen östlichen Ende des Gebäudecomplexes, wurde Alles anders. Wie das Gebäude selbst dort vollständig hergestellt war, mit Portal, mit hohen Fenstern, abgeputzten Mauern, hohem, spitzem, braunem Ziegeldach, so war auch, wenngleich noch immer kein eigentlicher Hof oder Schloßplatz, doch ein breiter, geebneter Raum da, der zu beiden Seiten von den Fichtenbäumen des Berges eingeschlossen wurde und zu dem von unten her ein bequemer Fahrweg unmittelbar nach dem Schloßportal führte.

Auf dem Platze — er wurde der Hof genannt — wie an dem neuen Schlosse herrschte reges Leben. Zu dem großen Feste, das heute Abend im Schlosse sein sollte, wurden Vorbereitungen getroffen. Der Platz wurde von dem Schnee gereinigt, der in der Nacht und auch noch bis zum Mittag neu gefallen war. In einem Stalle und einer Remise nebenan wurden Einrichtungen zur Aufnahme der Pferde und Wagen gemacht, die zum Abend erwartet wurden. Zu der Küche, zu den Oefen des Hauses wurde Holz getragen. Andere Anordnungen und Befehle waren hier und da zu machen und auszurichten.

Der alte Kastellan ging still an den Leuten vorbei. So ging er auch durch das hohe, weite Portal in das Innere des Schlosses und hier die Treppe hinauf, unbekümmert um die Menschen, die ihm hier, noch geschäftiger als draußen, begegneten.

Er gelangte zu dem Wohnzimmer der Herrin des Schlosses. Er klopfte an die Thür.

Sie wurde von innen geöffnet.

Der alte Diener und Kutscher Annus sah hindurch.

Was willst Du, Peter? fragte der alte Litthauer.

Ich muß die Madame sprechen, sagte der Kastellan.

Er war ein Deutscher, da gebrauchte er das französische Wort.

Der Kutscher blickte in das Zimmer zurück.

8*

Du kannst eintreten, sagte er dann.

Der Kastellan trat in das Zimmer.

Es war das reiche, aber einfache Zimmer einer reichen, aber einfachen Frau.

Die Frau Morlot saß darin an einem Schreibsecretair.

Sie schrieb nicht. Papier und Feder lagen vor ihr, und waren wohl schon lange nicht mehr berührt. Ihr Gesicht war nachdenklich, schmerzvoll nachdenklich. Sie mußte mit dem alten litthauischen Diener ein Gespräch geführt haben, das manche traurige Erinnerung, manchen schmerzlichen Gedanken in ihr angeregt und vielleicht mit neuer Furcht und neuer Angst ihr Herz erfüllt hatte. Auch dem tiefernsten, niedergedrückten, verschwiegenen Gesichte des alten Dieners sah man es an.

Und um sie her herrschte alle die laute, geräuschvolle Vorbereitung zu einem lauten, rauschenden Feste. Und in wenigen Stunden sollte sie, die Frau, mit all' ihrem Schmerze und all' ihrer Angst in der Brust, mitten in diesem rauschenden Feste stehen, als Hausfrau dessen eigentlichen Mittelpunkt bilden, die Gäste empfangen, sie unterhalten, für ihre Bedürfnisse sorgen, auf hundert, auf tausend Kleinigkeiten für sie achten.

Was bringst Du mir, Peter? wandte sie sich mit dem kummervollen Gesichte zu dem alten Kastellan.

Er hatte ihr wohl etwas zu berichten, neue Sorgen, neue Angst.

Madame, ich hätte ganz allein mit Ihnen zu sprechen.

Auch der alte Annus darf es nicht hören?

Ich möchte es Ihnen wenigstens nur allein sagen.

So verlaß uns, Annus; aber bleibe in der Nähe.

Annus verließ das Zimmer.

Nun, Peter?

Madame, kennen Sie einen Menschen, Namens Toms Kurszat?

Ich habe den Namen gestern zum ersten Male gehört.

Er sagte, er sei mit dem jungen Herrn gestern entflohen.

So ist es. Ist er hier?

Er war hier und verlangte die Madame zu sprechen.

Er will wohl betteln, auf jenes Zusammentreffen mit Robert hin?

Ich weiß es nicht, Madame. Er sagte mir, ich solle folgende Botschaft von ihm an Sie ausrichten: Er erwarte Sie heute Abend um sechs Uhr am Strande, zweihundert Schritte unterhalb des Schmugglerkruges, da, wo in das Land eine kleine Bucht hineinschneide —

Die Frau Morlot war kreideweiß geworden.

Sie hatte, wie schwer und weh ihr um das Herz auch sein mochte, den alten Mann mit Ruhe empfangen können. Wir haben es ja schon mehr gesehen, welche große Gewalt die unglückliche Frau über sich hatte. Sie hatte auch ihre Ruhe behalten, als sie so plötzlich an ihren Sohn erinnert wurde, an ihren einzigen Sohn, der als Verbrecher wieder in den Händen der Gerichte war, als sie gerade jetzt an ihn erinnert werden mußte, mitten in den Vorbereitungen zu einem Freudenfeste, dem sie sich nicht entziehen konnte, nicht entziehen durfte. Sie hatte an eine gewöhnliche Bettelei gedacht. Da auf einmal wurde sie an etwas Anderes erinnert; an eine Zeit, die so weit zurück lag, die aber mit ihren entsetzlichen Bildern wohl immer und immer in wilden Flammenzügen vor ihr stand; an einen Ort, den sie seit jenen zwanzig Jahren nicht wieder betreten, nicht wieder gesehen hatte, der aber mit allen seinen Schrecken, mit der Mordhetze, dem blutigen Schnee, dem Morde, dem Ermordeten, dem seit gestern zurückgekehrten Ermordeten, in der ganzen, langen Zeit keinen Augenblick aus ihrem Gedächtnisse gewichen war.

Sie erschrak; sie fühlte sich plötzlich wie auf den Tod getroffen.

Zu dem zurückgekehrten Ermordeten hatte sich ein Zeuge eingefunden, jener Mann, dessen sie aus jener Nacht sich noch wohl erinnerte, wenngleich er seitdem völlig verschwunden gewesen war. Wie hätte sie ihn vergessen können? Der Andere war für sie ein todter

Mann, an deſſen Auferſtehung aus dem Grabe ſie
nicht denken konnte, nicht gedacht hatte. Der fremde
kuriſche Mann aber — er war in der Nähe der That
geweſen, er hatte ſie verfolgt — wie leicht konnte er
Zeuge der That geweſen ſein, und jeder Tag, jede Stunde
konnte ihn vor ihre Augen zurückführen. Wie oft hatte
der Gedanke ſie erbeben gemacht, ihr in namenloſeſter
Angſt das Herz zugeſchnürt.

Auf einmal war er da, als Zeuge der That. Wie
konnte ſie zweifeln?

Und was er wollte? Sie ahnte es, ſie mußte es
ahnen.

Sprich weiter, ſagte ihre bebende Stimme zu dem
Kaſtellan.

Und weiter, fuhr der alte Mann fort, ſoll ich Ihnen
ſagen, wenn Sie zu der beſtimmten Stunde an dem
beſtimmten Orte nicht da ſeien, ſo werde er ſich von
den Gensd'armen wieder einfangen und nach Memel
zurückbringen laſſen, um dort dem Kreisjuſtizrathe Dinge
zu erzählen, die an jener Stelle am Strande vor zwanzig
Jahren paſſirt ſeien.

Sie hatte gar keinen Zweifel mehr.

Es iſt gut! ſagte ſie.

Sie winkte dem alten Manne, daß er gehen könne.

Aber ſie war zum Erſchrecken bleich geworden, und
ſie ſank auf dem Stuhle, auf dem ſie ſaß, zuſammen.

Nein, nein, Madame, sagte der alte Diener, es ist nicht gut. Ich habe Ihnen da eine schlechte Nachricht gebracht, und der Mensch, der mich zu Ihnen schickte, sah ganz nach seiner Nachricht aus. Gehen Sie nicht hin. Ich wünschte, meine alten Beine trügen mich noch so weit; ich wollte dem Burschen! Aber Sie werden ja einen Anderen finden.

Sie hatte sich mit ihrer wunderbaren Kraft gefaßt. Sie stand auf.

Geh', geh', Du alter, treuer Mann, sagte sie. Sage keinem Menschen ein Wort von der Sache. Es wird gut werden, wenn es auch nicht gleich gut war. Im Gange wirst Du Annus finden. Schicke ihn zu mir.

Der alte Kastellan ging.

Gott, Gott, stehe mir bei! preßte die Frau hervor.

Gott, Gott! In wie vielen Lagen des Lebens wird der ewige, der allgerechte und doch der allgütige und allbarmherzige Gott im Himmel angerufen!

Der alte Kutscher Annus trat in das Zimmer.

Herrin, sagte der litthauische Diener, der Mann hat Dir eine Schreckensbotschaft gebracht!

Ja, alter Annus, es ist aus mit uns. Uns kann nichts mehr retten.

Auch der Gott im Himmel nicht?

Auch er nicht! O, ich fühle es, auch er nicht.

Erzähle mir, Herrin.

Der unbekannte litthauische Mann ist da, der in jener Nacht am Strande uns verfolgte.

Zwei Blutzeugen, sagte dumpf der alte Mann.

Er will mich sprechen. Heute Abend um sechs. Gerade an jener Stelle. Er droht mit Entdeckung beim Gerichte, wenn ich nicht komme.

Ich fahre Dich hin, Herrin.

Und dann?

Herrin, wir wollen es doch in des guten Gottes Hand stellen, nur in seine. Dann mag kommen, was will. Nur Eins, nimm Geld für den Menschen mit.

Wir werden fahren, Annus.

5.

Concuſſion.

Es war des Abends ſechs Uhr.

Die Stunde hatte geſchlagen auf dem kleinen Kirch=
thurme in Schwarzort am Ufer des Haffs.

Ueber den Berg hinüber nach dem Strande der
Oſtſee hin hatte die Luft den Laut nicht tragen können.
Aber dem Schlage der Uhr folgte nach altem Brauche
im Dorfe das Abendgeläute auf dem Thurme der Kirche,
und die helleren, ſtärkeren Klänge drangen weiter, auch
bis auf die See hinaus.

Der Abend war ſtill und klar. Dem Sturme des
vorigen Tages und der Nacht war die volle Ruhe der
Natur gefolgt. Die Sterne am Himmel glänzten; man
ſah keine Wolke mehr da oben; kein Körnchen Schnee
fiel mehr hernieder. Der Schnee an der Erde leuchtete
hell. Von der See her ſtrich ein leichter, leiſer Wind
auf das Land. Das Waſſer war ruhig; keine Welle

bewegte sich. Aber kälter war es geworden, und in der stillen Kälte war schnell das Wasser des Meeres am Ufer zu Eis erstarrt, und man konnte schon auf manchen Schritt in die See hinein die harte, feste, glänzende Decke des Eises verfolgen. Es fror noch immer.

Der Schmugglerkrug lag still und dunkel da. Die Fenster der Krugstube waren zwar erleuchtet, aber trübe und matt; es mochte nur eine einzige Lampe mit halbem Lichte in dem großen Raume brennen. Irgend ein Laut drang gar nicht daraus hervor.

Ein solcher klarer, stiller Abend war keine Zeit zum Schmuggeln, zumal wenn die Schmuggelschiffe, die auf der Rhede lagen, in der Nacht vorher vergebliche Versuche für die Ausübung ihres Gewerbes gemacht hatten. Sie konnten dann heute auf verdoppelte Wachsamkeit der Zollbeamten rechnen.

Darum durften denn die Beamten an aller Wachsamkeit es nicht fehlen lassen.

Die Thür des Schmugglerkruges öffnete sich. Zwei Männer traten daraus hervor, der eine in einem grauen, der andere in einem blauen Mantel. Einen militairischen Schnitt hatten beide Mäntel. Beide Männer trugen auch militairische Mützen, und unter den Mänteln Uniformen und Waffen.

Wir kennen die beiden Männer schon, und zwar sind wir ihnen schon einmal fast an derselben Stelle begegnet. Der Eine war der Oberkontroleur der Douane, der Andere der Wachtmeister der Gensd'armerie.

In einem ordentlichen Militairstaate muß Alles militairisch und militairisch geordnet sein, auch Zoll=wesen und Polizei. In Rußland sind auch die Präsi=denten der Gerichtshöfe Generäle, und mitunter auch die Justizminister, und Cultusminister ist in diesem Augenblicke ein alter General, und in Preußen hieß ein=mal der Chef der Justiz Kriegs= und Justizminister. Jetzt ist es nicht mehr so in Preußen, aber es ist nicht gut, wenn ein Staat zurückgeht, und es muß auch in Preußen wieder die Zeit kommen, daß das adlige Ka=dettenhaus die ausreichende Schule für die Justiz=, Cul=tus= und anderen Minister wird, ebensowohl wie für den Kriegsminister.

Die beiden Männer des Grenzzolles und der Polizei waren langsam aus dem Kruge herausgetreten. Sie blieben in der Nähe des Hauses stehen und sahen sich vorsichtig nach allen Seiten um. Aber sie sahen nichts, und sie konnten weit hinein in den hellen Abend sehen. Sie hörten auch nichts, und sie hätten in der Stille des Abends Alles hören können, was umher auf dem Lande und weit in die See hinaus laut wurde.

Der Oberkontroleur hatte eben nach der See hin=ausgeschaut und hinausgehorcht.

Es kommt heute nichts, sagte er verdrießlich. Das Lumpenpack hat keinen Muth.

Für den Finanzminister in Berlin wäre das eine etwas befremdende Logik gewesen. Aber der Oberkontroleur erhielt seinen Denunciatenantheil, wenn das „Lumpenpack" den „Muth" hatte, die Gesetze zu übertreten, da er wachte.

· Ich werde auch wohl nichts ausrichten, meinte der Wachtmeister; aber er sprach es mit ziemlichem Gleichmuth aus. Gensb'armen bekamen ihren Denunciationsantheil nur von den zwei Thalern, die als Buße für das Rauchen auf der Straße in Berlin bestimmt waren. Und außerdem —

Wen verfolgen Sie denn heute eigentlich, Herr Wachtmeister? fragte der Oberkontroleur seinen Begleiter. Im Kruge wollten Sie nicht damit heraus.

Die Krügersleute horchten, entschuldigte sich der Wachtmeister über seine Amtsverschwiegenheit. Wen ich heute verfolge? fuhr er dann geringschätzig fort. Einen litthauischen Dieb, einen gewöhnlichen Gelegenheitsdieb, an dem nicht viel gelegen ist.

Ich denke, vor dem Gesetze ist Jeder gleich, Herr Wachtmeister?

So sagt das Gesetz, Herr Oberkroleur, und es giebt auch einfältige Gesetze.

Um die dann verständige Leute sich nicht bekümmern, lachte der Oberkontroleur.

Er war wohl etwas ein Schalk.

Der Wachtmeister aber knurrte.

Ein Gensd'arm, Herr Oberkontroleur, muß sich eben um jede Lumperei bekümmern, die ihm von seinem Vorgesetzten befohlen wird. Und dabei hat er allerlei Vorgesetzte, sogar vom Civil. So muß man denn in dieser Kälte seine drei Meilen reiten, um dem einfältigen Diebe nachzuspüren, der da gestern mit dem jungen Morlot entsprungen war.

Der junge Morlot ist ja schon wieder eingefangen, bemerkte der Oberkontroleur.

Der Wachtmeister knurrte noch ärgerlicher.

Ja.

Und von wem?

Von dem Wachtmeister Fisch und seinen Gensd'armen Stock und Stiefel. Er selbst sollte Stockfisch heißen. Das sind die dümmsten Kerls in der Gensd'armerie und haben solches Glück!

Darum knurrte der Wachtmeister.

Und nun wissen wir ja doch, wie der Wachtmeister hieß, der zuerst die beiden Gardeoffiziere und dann Robert Morlot in der Nacht vorher arretirt hatte. Wir wissen sogar, wie er eigentlich hätte heißen sollen.

Der Dumme hat immer Glück, lieber Wachtmeister, tröstete der Oberkontroleur seinen Gefährten.

Ich wollte, ich hätte es auch einmal, meinte sein Gefährte. Und ich will Ihnen etwas im Vertrauen sagen, Herr Oberkontroleur. Ich bin nicht blos um des einfältigen Toms Kurszat willen hier — so heißt der entsprungene Dieb — ich habe auch noch eine Geschichte auf meine eigene Hand.

Hm, die wäre, Herr Wachtmeister?

Aber Sie dürfen mich nicht verrathen.

Wie werde ich?

Der Fisch hat mit seinem Stock und Stiefel heute Nacht auch noch einen reichen Franzosen nach Memel gebracht — Sie haben wohl von ihm gehört; er hat die schöne Person bei sich und macht den Champagner in Memel theuer —

Hm, Herr Wachtmeister, ich denke, den macht er eher wohlfeil. Der Kerl ist ein Generalschmuggler. Aber wie kommt der in Ihre Hände? Er hätte in die unsrigen fallen sollen, die schon so lange nach ihm auslangen und ihn niemals fassen können. Hat er Jemanden todtgeschlagen? Er sieht darnach aus, als wenn ihm das eine Bagatelle wäre.

Nein, Herr Oberkontroleur. Er sollte im Gegentheil selbst todtgeschlagen werden.

Von wem?

Von jener schönen Person und einem Juden.

Nun, weiter, Herr Wachtmeister.

So hat er wenigstens den Gensd'armen gesagt, wie ihn die da hinten auf dem Neegelschen Kirchhofe halb betäubt angetroffen haben. Heute Morgen aber, als er vor den Kreisjustizrath in's Verhör kommt, will er von nichts mehr wissen, und er behauptet, die Gensd'armen, der Fisch und der Stock und der Stiefel seien Alle dumme Esel, die kein Französisch verständen und von nichts wüßten. Darin hat er nun recht. Aber ich habe doch meine eigenen Gedanken über die Sache, und ich würde es schon klar wissen, wenn mich nicht gestern Abend die verdammte Strandrechtsgeschichte höher hinauf am Ufer von dem Neegelschen Kirchhofe zurückgehalten hätte, zu dem ich eigentlich wollte. Kurz, ich bin überzeugt, der Franzose ist wirklich von der Person und dem Juden überfallen und beraubt worden. Sie waren gestern Abend so geheimnißvoll hier, und der Jude, der immer mit der Person ist, sieht ganz aus, wie ein Spitzbube, und das Frauenzimmer hat Augen, vor denen selbst Unsereiner sich grauen könnte. Zudem sind sie die vorige Nacht nicht in ihrem Quartier gewesen. Der Franzose wird schon wieder mit der Sprache herauskommen, wenn die beiden Vögel eingefangen sind, und ich will einmal sehen, ob dies mir nicht gelingen wird. Er ist gleich heute Mittag hierher hinausgefahren, und ich glaube, er hat nur darum seine Angaben gegen die Gensd'armen nachher zurückgezogen, weil er von der Person nicht lassen kann; die muß ihn gar zu fest in ihrem Garne haben. Es giebt solche Narren. Er mag auch sonst etwas mit ihr haben, was nicht richtig ist, Gott weiß es. Da werden denn auch die beiden Spitzbuben noch in der Nähe sein, zumal da das Frauenzimmer ihn genau kennen mag, und es wäre mir ein Gaudium, sie ihm vor der Nase wegzufangen.

Und Sie denken sie hier zu treffen? fragte der Oberkontroleur.

Irgendwo am Strande hier. Zu Lande konnten sie nicht fort, da sie fürchten mußten, noch heute Nacht auf allen Stationen der Nehrung mit Steckbriefen verfolgt zu sein. Da bleibt ihnen nur die Zuflucht auf ein Schiff übrig, deren mehrere auf der Rhede liegen, und von denen eins oder das andere gewiß heute Nacht ein Boot an's Land schicken wird.

Hm, Sie könnten Recht haben, meinte anerkennend der Steuerkontroleur. Und wahrhaftig, kommt da nicht schon ein weibliches Wesen?

Wahrhaftig, eine Dame! sagte auch der Wachtmeister.

Sie waren in ihrem Gespräche nicht an dem Schmugglerkruge stehen geblieben, die beiden Beamten, die immer im Dienste sein mußten, und deshalb immer im Dienste waren. Sie waren den Strand hinunter

gegangen, trotz ihrer angelegentlichen Unterhaltung stets
aufmerksam auf Alles, was um sie her sich ereignen
könnte. Und endlich hatte sich etwas ereignet.

Sie waren hinter einem mit Schnee bedeckten Sand=
hügel hervorgetreten; da sahen sie einen halboffenen
Schlitten herankommen, in dem, in Pelze gehüllt, eine
einzelne Dame saß.

Sie zogen sich hinter den Hügel wieder zurück, und
ließen den Schlitten näher kommen. Aber —

Das ist nicht die Geliebte des Franzosen, sagte der
Wachtmeister.

Nein. Es ist die Frau des reichen Herrn Morlot
aus Memel.

Der reiche Herr Morlot! Einen anderen Namen
hatte man fast nicht für ihn.

Er giebt heute Abend ein großes Fest da oben in
dem alten Schlosse, setzte der Oberkontroleur hinzu.

Ich weiß es. Was mag sie dann aber jetzt noch
hier am Strande machen?

Ich begreife es auch nicht.

Es ist doch sonderbar. Ob wir ihr einmal folgen,
Herr Oberkontroleur?

Wenn es nicht zu weit wird. — Aber was kommt
denn da wieder? Wieder ein Schlitten, und ein einzelner
Herr sitzt darin.

Und — tausend Sapperment, Herr Oberkontroleur, das ist der Franzose.

Weiß Gott, das ist der Franzose.

Ein offener Schlitten kam herangefahren. Der Herr Alphons de Lambert saß darin.

Der Schlitten der Frau Morlot war an dem Strande hinunter gefahren. Der Schlitten des Franzosen fuhr aufwärts, er kam den beiden uniformirten Beamten entgegen.

Sie ließen ihn an sich vorbeifahren. Der Franzose sah nicht nach ihnen. Desto aufmerksamer sahen sie ihm nach; wenigstens der Wachtmeister.

Er fährt nach dem Schmugglerkruge, Herr Ober= kontroleur. Ich muß ihm folgen.

Warum?

Er sucht die Person, seine Geliebte, hier. Warum wäre er sonst hier? Ich muß wissen, wo sie ist. In seiner Nähe erfahre ich es am ersten.

Hm, sagte der Oberkontroleur, dann kehre ich mit Ihnen zurück. Allein mag ich hinter jener Dame auch nicht herlaufen.

Sie kehrten Beide auf dem Wege zurück, den sie gekommen waren.

Nach einigen Schritten kam ihnen ein Gensd'arm entgegen. Der Mann war zu Fuße, er lief und war fast athemlos.

9*

Herr Wachtmeister, haben Sie ihn nicht gesehen?

Wen?

Wir sind alle Vier hinter ihm her, nach vier verschiedenen Richtungen.

Vier Gensb'armen hatte der Wachtmeister also bei sich.

Aber zum Teufel, hinter wem seid Ihr her?

Hinter dem entsprungenen Diebe, den wir verfolgen.

Der Wachtmeister schien sich etwas unangenehm enttäuscht zu fühlen.

Um einen einfältigen litthauischen Dieb einen solchen Spektakel zu machen, sagte er.

Er mußte dennoch den Bericht des Gensb'armen anhören.

Der ging einfach dahin, daß man Toms Kurszat vor wenigen Minuten hinten an dem Schwarzorter Berge habe herumschleichen sehen, daß man ihm sofort nachgesetzt sei, aber auch sofort ihn und jede Spur von ihm wieder verloren habe. Die vier Gensb'armen hatten sich darauf nach allen vier Weltgegenden vertheilt, um ihn aufzusuchen.

Hierher ist er nicht gekommen, sagte der Wachtmeister. Er muß also noch dort oben in der Nähe des Kruges sein. Kehren Sie mit uns um, Gensb'arm.

Der Gensb'arm gehorchte dem Befehle, und sie gingen alle Drei nach dem Schmugglerkruge zu. —

Der Schlitten der Frau Morlot hielt am Strande.

Es war öde rings umher. War der Himmel auch sternenklar, leuchtete unten auch der Schnee, weit reichte dennoch das Auge durch das Dunkel des Abends nicht. Auf dem Schnee hielt der Schlitten, fast nur Schnee sah man umher. In das Land hinein glaubte man nur in weiterer Ferne die dunklen Umrisse des mit Fichten bedeckten Schwarzorter Berges zu entdecken, und oben zwischen den Fichten schien etwas Helles zu schimmern. War es so, so mußten es die Lichter des Schlosses sein, die zum Empfange der Gäste angezündet wurden. Nach dem Wasser hin zeigte sich in einiger Entfernung ein dunkler, runder Einschnitt in den Schnee. Es war eine Bucht, die der See dort bildete.

Es war auch still ringsumher. In der Bucht hörte man das Plätschern des Wassers, das leise an das Ufer heranfloß, fast heranschlich, und noch leiser sich wieder zurückzog. Hinten auf dem Lande hörte man dann und wann Hundegebell. In jener Richtung mußte der Schmugglerkrug liegen. Das Auge erreichte ihn nicht mehr.

Die Frau Morlot war in dem Schlitten sitzen geblieben.

Ihr Kutscher hatte seinen Bock verlassen und stand neben den Pferden.

Der alte, vertraute und getreue Annus war der
Kutscher.

Die Frau blickte scheu um sich her. Sie hätte wohl
ganz ihre Augen schließen mögen. Sie mußte sie unwillkürlich öffnen, sie mußte unwillkürlich schauen, Alles,
was ihr Auge erreichen konnte. Und sie kannte doch
das Alles schon. Sie war ja hier an jenem Orte, den
sie seit zwanzig Jahren nicht wieder gesehen, der aber
dennoch immer mit allen seinen Schrecken, mit dem blutigen Schnee, mit der wilden Mordhetze, mit dem entsetzlichen Mordacte vor ihrem geistigen Auge gestanden
hatte. Jetzt sahen auch ihre leiblichen Augen ihn wieder; sie mußten ihn sehen, sie mochten wollen oder
nicht; sie mußten in dem weißen Schnee die dunklen
Blutspuren wieder suchen, an dem Rande der Bucht den
Mörder und den Gemordeten, das Grabscheit, das hoch-
aufspritzende Blut —

Annus! rief sie. Annus, wie habe ich denn noch
so lange leben können? Aber es ist auf einmal aus mit
mir, mit uns. Ich fühle es. Es muß sein.

Sie sprang aus dem Schlitten.

Wohin, Herrin? hielt entsetzt der treue Diener sie
zurück.

Laß mich, Annus!

Du willst ein Unglück begehen, Herrin!

Nein, Annus, nicht jetzt, nicht ich allein. Aber hin

muß ich nach jener entsetzlichen Stelle. Sehen muß ich — Laß mich, laß mich.

Er ließ sie los.

Sie ging zu der Bucht.

Er wollte ihr folgen.

Bleibe zurück.

Sie befahl es, strenge.

Herr des Himmels, betete der alte Diener, und für seine arme Herrin konnte er beten. Sei ihr gnädig. Sieh' ihr Herz an. Schenke ihr Deinen Frieden wieder.

Sie ging langsam zu dem Wasser. Sie trat dicht, unmittelbar an den Rand der Bucht. Sie blickte hinunter, tief in das Wasser hinein, als wenn sie den Grund suche, als wenn sie wissen müsse, wie es da unten in der Tiefe sei.

Sie stand und blickte lange so.

Ihr Auge war trocken. Ihr Gesicht war weiß wie der Schnee, auf dem sie stand, und ihre schneeweißen Locken fielen ihr in das vornübergebeugte Gesicht.

Sie war so schön und so unglücklich.

Sie war eine Verbrecherin, eine Mörderin.

War sie es weniger, weil der Gemordete aus seinem Wellengrabe wieder erstanden war?

Sie erhob sich.

Und dennoch ein Grab! sagte sie, muthig, fest.

Sie hüllte sich dichter in ihren Pelz.

Sie kehrte langsam zu dem Schlitten zurück.

Ein eiliger Schritt hielt sie auf. Er kam auf den Schlitten, dann an diesem vorüber auf sie zu.

Ein kleiner, ältlicher Mann in kurischer Tracht stand vor ihr.

Ich bin Toms Kurszat, Herrin. Du kennst mich nicht.

Sie hatte ihn ruhig angesehen. Sie betrachtete ihn aufmerksam, seine Gestalt, seine Gesichtszüge. Sie kannte ihn nicht. Man sah es ihr an. Sie sagte es ihm kalt.

Ich kenne Dich nicht.

Aber Dein Sohn kennt mich, Herrin. Ich war mit ihm zusammen im Gefängnisse.

Der Dieb sagte es freundlich, vertraulich.

Sie blieb kalt.

Ich habe davon gehört.

Der Dieb wurde noch freundlicher und vertraulicher. Er trat näher an sie heran.

Tritt zurück, befahl sie ihm stolz, würdig.

Nun, nun, Herrin, Du solltest mich nur besser an= sehen können. Du kennst mich doch, auch Du.

Zurückgetreten war er unwillkürlich.

Ich kenne Dich nicht, wiederholte sie bestimmt.

Aber Du wirst Dich besinnen, Herrin, wenn ich Dir sage, wo und wann ich Dich gesehen habe. Hier war

es, an dieser nämlichen Stelle, oder wohl etwas mehr
dort in's Land hinein, und vor zwanzig Jahren war es,
gerade vor zwanzig Jahren. Und Du warst hier und
Dein Mann, und der alte Kutscher, der auch jetzt wie=
der bei Dir ist, und Einer, dem der liebe Gott seitdem
seinen Verstand genommen hat, und zuletzt noch Einer,
der, und das war gerade hier, in das Wasser geworfen
wurde. Und auch ein kleines Kind war da —. Kennst
Du mich jetzt, Frau?

Ich kenne Dich nicht Mann.

Soll ich Dir dann noch mehr erzählen?

Sage mir, Mann, was Du von mir willst. Deine
Erzählungen kannst Du sparen.

Darin hast Du Recht, Frau; denn Du weißt das
Alles besser als ich. Doch nein, besser nicht. Ich weiß
es eben so gut, wie Du. Glaube mir das, Herrin.
Ich weiß Alles, die ganze Geschichte. Und was ich von
Dir will? Ich will Dir die Wahrheit sagen, Frau. Ich
bin ein armer Mensch, der gar nichts hat, als seine
beiden Hände zum Stehlen. Ja, nur zum Stehlen,
Herrin. Ich kam früh dazu, schon als kleiner Junge.
Mein Vater und meine Muter hatten davon gelebt und
so lehrten sie mich dazu an, und Anderes lernte ich
nicht. So kam ich denn auch früh in die Gefängnisse
und Zuchthäuser, und da lernte ich auch nur stehlen von
den Kameraden. Was sollte ich machen, wenn ich wieder

herauskam? Ich mußte werden, was ich geworden bin,
ein alter Dieb. Aber der Mensch kann auch das Stehlen
satt bekommen, Frau, und ich möchte mich gern in meinen alten Tagen zur Ruhe setzen. Da fiel mir denn
die alte Geschichte wieder ein, von der ich hier vor
zwanzig Jahren Zeuge wurde, und ich habe Dich hierher bestellt, um Dich zu fragen, was Du mir für mein
Zeugniß geben willst. Werden wir einig, liebe Herrin, so
kannst Du Dich auf mich verlassen, daß ich ein ehrlicher Kerl bin, wenn ich auch mein Leben lang ein
Dieb war.

Toms Kurszat schwieg. Er sah der Frau ehrlich
und listig zugleich in das Gesicht.

Sie hatte gehört, was sie erwartet hatte. Sie hatte
um so ruhiger bleiben können.

Mann, sagte sie, was würdest Du mit dem Gelde
machen, das man Dir geben könnte?

Du hörst es, Herrin, ich will mich zur Ruhe setzen.

Und wo? Du bist aus der Haft entsprungen. Die
Gensd'armen verfolgen Dich. Wie Du Dich sehen
läffest, kommst Du in das Gefängniß zurück, und eine
wie lange Strafe Dich trifft, das mußt Du am besten
wissen.

Ich werde wohl zwölf bis funfzehn Jahre Zuchthaus
bekommen, Herrin.

Und wie viele Jahre Deines Lebens zählst Du?

Ich werde so in der Mitte der funfziger sein.

Glaubst Du die zwölf Jahre Zuchthaus zu über-
leben?

Hm, Herrin, wenn ich das Geld von Dir bekomme,
werde ich die Nehrung verlassen.

Und wohin wolltest Du gehen?

In die weite Welt.

Um am dritten Tage als Vagabond hierher zurück-
transportirt zu werden. Alter Mann, die Arme der
Polizei reichen hier zu Lande weit, und die Arme der
Gerechtigkeit reichen noch weiter, sie reichen doch am
Ende durch die ganze Welt, über Wüsten und über
Weltenmeere hinaus. Doch davon weißt Du nichts.
Du willst nur Deinem litthanischen Zuchthause entgehen
und der Last eines Gewerbes überhoben sein, das an-
fängt, Dir in Deinen alten Tagen zu mühsam zu wer-
den. Da will ich Dir einen anderen Vorschlag machen.
Fahre mit mir zurück nach dem Schlosse da oben. Du
warst am Nachmittage bei dem alten Kastellan und hast
Dir seine Stube angesehen. Der Mann ist nachgerade
zu alt, selbst für den geringen Dienst, den er dort hat.
Ich werde anderweit für ihn sorgen. Du sollst seine
Stube und seine Stelle übernehmen. Du kommst da
oben mit Niemandem in Verkehr, der Dich kennt. Die
Gensd'armen werden Dich dort am wenigsten suchen.

So haft Du Unterkommen und Pflege und Ruhe bis
zum Ende Deiner Tage. Sage ja. Fahre mit mir.

Die Frau sprach traurig, aber herzlich; man hörte,
wie ihr die Worte aus dem Herzen kamen.

Toms Kurszat lachte um so pfiffiger.

Ich werde kein Narr sein, Herrin. Ich habe mein
Leben noch lieb; da oben in Eurem wüften Schlosse
wäre ich in Eurer Gewalt, und ich möchte nicht mehr
viele meiner Tage zu zählen haben.

Sind wir solche gemeine Mörder? sagte die Frau
schmerzlich für sich.

Sie rief es in deutscher Sprache. Der Dieb ver=
stand auch Deutsch.

Herrin, was willst Du? sagte er. Habt Ihr nicht
den Einen hier erschlagen? Da könnt Ihr auch dem
Zweiten das Leben nehmen, und dem Dritten und dem
Vierten. Ich denke mir, das Morden ist wie das Steh=
len. Nur das erste Mal wird es Einem schwer. Was
macht man sich nachher daraus? Aber ich möchte aus
den Kellern unter Eurem Schlosse da oben nicht so le=
bendig wieder herauskommen, wie der fremde Englän=
der nach zwanzig Jahren aus dem Wasser hier.

Die Frau hatte ihr Gesicht verhüllen müssen.

Nun, Herrin, sagte der Dieb, wieviel Geld willst
Du mir geben?

Er dachte nur an Geld.

Wie viel willst Du? fragte sie ihn.

Er wurde verlegen. Er kratzte sich hinter dem Ohr.

Ich muß viel fordern, denn ich muß in die weite
Welt, und das Leben ist theuer. Ich werde dann aber
auch verschwiegen sein, wie das Grab, und Du sollst
in Deinem Leben nicht zu sprechen brauchen; der Dieb
Toms Kurszat war ein schlechter, wortbrüchiger Mann.
Zwanzig Thaler mußt Du mir geben, Herrin. Ich kann
es wahrhaftig nicht geringer.

Die Frau hatte doch beinahe lächeln müssen, in all'
ihrem Schmerze und all' ihrem Unglücke. Aber Thränen
stürzten plötzlich aus ihren Augen.

O mein Gott! sagte sie leise, wie steht dieser Mensch
so unendlich höher da, als wir! Und er ist zum Verbrecher erzogen, und wir —!

Sie zog ihre Börse hervor.

Hier, Mann, hast Du zwei Goldstücke. Sie gelten
mehr als zwanzig Thaler. Besieh' sie Dir. Ich be-
trüge Dich nicht.

Der Dieb nahm das Geld.

Frau, ich weiß, daß Du mich nicht betrügen wirst.
Ich stehle nur und bringe keine Leute um. Ihr — ei,
Ihr stehlt nicht und betrügt nicht. Jeder bleibt bei
dem Geschäfte, das er einmal hat. Habe Dank, Herrin,
und sei mit Gott.

Er bückte sich, nach der Gewohnheit seiner Landsleute vor ihr nieder, nahm mit der Hand den Saum ihres Pelzes, drückte ihn an seine Lippen, erhob sich wieder und verschwand hinter dem nächsten Sandhügel.

Die Frau kehrte zu ihrem Schlitten zurück.

Nach Hause, Annus! sagte sie. Nachher erzähle ich Dir.

Sie warf sich erschöpft auf den Sitz.

Annus wandte den Schlitten. Er wollte abfahren.

Da vernahmen sie Beide einen lauten Schrei.

Er kam vom Ufer, aus der Richtung, in welcher Toms Kurszat verschwunden war, aber aus weiterer Ferne.

Hülfe, Hülfe! rief Jemand, wie in Todesangst.

War das nicht die Stimme des Diebes? fragte die Frau den Kutscher.

Ja, Herrin.

Eine andere derbe Stimme antwortete auf den Hülfe= ruf des Diebes.

Schrei Du nur, alter Dieb. Wir haben Dich fest. Wer sollte Dir helfen?

Der Wachtmeister der Gensd'armerie sagte es.

Toms Kurszat hatte in seinen Schreck um Hülfe gegen die Gensd'armen gerufen, die ihn so plötzlich über= fallen und arretirt hatten.

Und es schien in der That, als wenn ihm Hülfe werden solle.

Was ist das? Was geschieht hier? Wer thut dem Manne etwas? rief eine fremde, kräftige, entschlossene Stimme.

Fahr zu, fahr zu, Annus! sagte die auf den Tod erschrockene Frau.

Der Schlitten fuhr im Galopp davon.

Er fuhr nach dem Schlosse zurück, in welchem der erschrockenen und erschöpften Frau das glänzende Fest wartete.

———

6.

Ein Handel im Scherz.

———

In der großen Krugstube des Schmugglerkruges saß an einem Fenster ein langer, hagerer Mensch in einem weißen Schafspelze, wie die gewöhnlichen Litthauer ihn zu tragen pflegen, und in einer Pelzmütze, die tief in das Gesicht hineinging. Wie tief sie dieses auch bedeckte, die lange, nach unten krumm gebogene Nase, die beweglichen, spionirenden, schwarzen Augen, die höhnisch und frech aufgeworfenen Lippen, und in dem Allen die entschieden ausgeprägte orientalische Physiognomie des Mannes konnte sie, die alte Pelzmütze, nicht verbergen. Der Mann war so das Bild eines eigenthümlichen Contrastes. Der hinterlistige, verschlagene und freche Jude in der Kleidung des einfältigen litthauischen Bauersmannes.

Er schien selbst darüber lächeln zu müssen, wenn er zufällig seinen groben Pelz ansah und die alte Pelzmütze, die ihm über die Nase fallen wollte, wieder in die Höhe schob, und der Blick der Augen dabei die lange, dicke Nase streifte.

Aber meist sah er durch das Fenster auf den freien Platz vor dem Kruge. Er erwartete dort etwas, und es war trotz seiner Verkleidung nicht, als ob er das fürchte, was er erwartete.

Außer ihm war nur noch der Krüger in der Stube.

Auf dem Platze vor dem Kruge kam ein Schlitten angefahren. Der Schlitten hielt. Ein Herr stieg aus und ging in den Krug.

In dem Gesichte des Juden zeigte sich, als er den Herrn sah, ein triumphirendes Lächeln. Er nahm die Pelzmütze ab, und lüftete seinen weiten Pelz.

Der ganze Markus Janus, Bruder, und unter dem Namen Friedrich, Kutscher der schönen Hortense, oder Esther Janus, kam ungenirt zum Vorschein.

Die Thür der Krugstube öffnete sich. Der Herr, der aus dem Schlitten gestiegen war, trat in die Stube.

Herr Alphons de Lambert blieb an der Thür stehen, sah sich in der Stube um, erblickte den Juden und ging zu dem Fenster, an dem der Jude saß.

Der Jude erhob sich.

Ihr Bote hat mich gefunden, sagte er in französischer Sprache, zu dem Franzosen.

Ich kenne Ihre Schlupfwinkel, wie Sie sehen, ant= wortete der Herr de Lambert.

Und zu welchem Zweck haben Sie mich darin auf= spüren lassen?

Wo ist Hortense?

Was wollen Sie mit ihr?

Ich will wissen, wo sie ist.

Mein Herr, ich hoffe, Sie halten weder Hortense noch mich für einfältig.

Parbleu, ich habe Proben, daß Ihr es nicht seid.

So werden Sie mir sagen, was Sie von Hortense wollen.

Nun denn, Sie soll zu mir zurückkehren. Ich kann nun einmal ohne sie nicht leben.

Es ist vernünftig von Ihnen, mein Herr —

Vernünftig? Es ist Unsinn, Wahnsinn. Ich sehe es ein. Aber ich kann nicht anders.

Es ist vernünftig von Ihnen, sage ich. Denn was für Beweise hätten Ihnen zur Seite gestanden? Sie hätten sich nur lächerlich gemacht, und Sie haben daher sehr wohl gethan, daß Sie am Gerichte die ganze Ge= schichte für einen bösen Traum Ihres Rausches ausge= geben haben.

Woher wissen Sie das?

Pah, für die klügsten Leute in der Welt halten sich

unſere Gensd'armerie=Wachtmeiſter. Ich hatte vorhin
Gelegenheit, einen der allerklügſten zu belauſchen.

Ah, ſo werden Sie auch meiner Verſicherung trauen.

Vollkommen, weil ich Ihrer Klugheit traue.

Sie werden mich alſo zu Hortenſe führen?

Sie iſt hier. Auch ſie kennt Sie.

Führen Sie mich zu ihr.

Ich werde ſie hierher zu Ihnen führen.

Krügerchen, kommen Sie mal mit mir, ich habe
Ihnen etwas zu ſagen, wandte der Jude ſich an den
Krüger.

Der Krüger verließ mit ihm die Stube.

Der Franzoſe ging aufgeregt umher.

Nach drei Minuten trat die ſchöne Hortenſe ein.
Sie ſtrahlte in Schönheit, in Reiz, in Glück. Nur
Glück umſpielte die ſchönſten Lippen, die man ſehen
konnte, leuchtete in den großen, ſchwarzen, zauberhaf=
teſten Augen, die jemals einen Mann bezaubert haben.
Kein Mörderblick mehr in ihnen. Nur Glück, nur Liebe.

Der Franzoſe flog ihr voll Leidenſchaft entgegen.

Sie lag in ſeinen Armen.

Alphons, welchen entſetzlichen Verdacht hatteſt Du
gegen mich faſſen können?

Hortenſe, wirſt Du mir verzeihen?

Kann ich anders? —

Der Bund war wieder geſchloſſen.

Er hatte um Verzeihung gebeten.

Sie hatte verziehen.

Sie verschämt, mit der innigsten, herzlichsten Liebe, wenn man um die küssenden Lippen und in dem Hintergrunde der selig lächelnden Augen nicht den Humor sah, den Esther Janus auch in diesem Augenblicke, gerade jetzt haben konnte.

Herr Alphons de Lambert war nur der wilde, leidenschaftliche Mensch des Südens.

Der Friede war geschlossen.

Wir gehen noch heute zur See? fragte sie.

Wünschest Du es, Hortense?

Du warst nun einmal unvorsichtig, Alphons, und die Gensd'armen könnten mich suchen.

Was wollen sie Dir? Es ist kein Ankläger, es sind keine Zeugen da. Aus meinem Traum kann man keine Criminalanklage machen.

Die Gerichte können Alles. Und am Ende ist es kein großes Vergnügen, ein Jahr lang im Gefängniß sitzen zu müssen, um nachher freigesprochen zu werden.

Meinetwegen denn, Hortense. Meine Geschäfte sind geordnet. Sie waren es gestern schon. Mein Schiff wartet. Wir wären schon weit von hier, hätte sich nicht der gestrige Zwischenfall ereignet. So fahren wir ab. Aber erst in der Nacht. Vorher habe ich doch noch ein Geschäft hier.

Hier? fragte die Dame.

Parbleu, ja. Hier und hier in der Nähe. Ich soll heirathen.

Wie, Alphons?

Still, da kommt Jemand.

Es ist nur Friedrich.

Durch die halb geöffnete Thür der Stube blickte das listige und freche Gesicht des Juden Markus, oder Friedrich.

Er sah das Glück des Paares. Er lächelte vergnügt.

Was wollen Sie? fragte ihn der Franzose.

Es ist ein Herr draußen, der Sie sprechen will. Er erwarte Sie hier.

Ah, Hortense, mein Freiwerber!

Und wer ist es?

Kennst Du den Herrn Lieutenant Morlot aus Berlin?

Der ist es? Ah, ich errathe.

Und Du wirst noch mehr erfahren. Friedrich, lasse den Herrn hereinkommen.

In Gegenwart von Madame?

Ja, ja, bat die Dame.

Der Jude war schon fort.

Zehn Minuten später trat der Herr Arthur Morlot in die Stube.

Er war mit seinem sicheren Wesen eingetreten. Es

war etwas impertinent, um so mehr wohl in diesem Augenblicke und in dieser Lage gemacht.

Da sah er die Jüdin.

Es war zur damaligen Zeit schwerlich ein Garde-Offizier in Berlin, der Esther Janus nicht kannte. Die meisten freilich hatten sie sich nur angesehen, um sagen zu können, sie kännten sie. Sie kennen zu wollen, gehörte zur Mode. Denn nur sehr wenige Roués konnten sie kennen, und so kannten sie nur wenige.

Der Herr Arthur Morlot erstarrte, als er sie sah. Er wollte umkehren.

Der Franzose hielt ihn zurück.

Mein Herr, wir haben ein Geschäft mit einander.

Aber wir Beiden allein, mein Herr.

Die Dame darf zuhören.

Der Herr Arthur Morlot wollte die Thür gewinnen.

Der gewandte Franzose war ihm zuvorgekommen und vertrat sie ihm, und — war stärker als er.

Für Herrn Arthur Morlot blieb nur die gute Miene zum bösen Spiel.

Mein Herr, Sie werden als Mann von Ehre handeln. —

Hätten Sie so gehandelt? Aber Sie sollen sich nicht in mir getäuscht haben. Daher nur eine Bitte an Sie. Vielmehr zwei. Die erste ist, mich von meinem Versprechen des gestrigen Abends zu entbinden. Sie sehen —

Er zeigte lächelnd auf die schöne Dame an seiner Seite.

Herr Arthur Morlot hatte seinen Aplomb wieder.

Mein Herr, ich hoffe, Sie werden auch in meinen Worten des gestrigen Abends nur einen Scherz gefunden haben.

Ah, mein Herr, rief der Franzose, im Scherz verhandeln Sie Ihre Schwester? Aber warum wären Sie denn hier, wenn ich fragen darf? — Indessen, ich will Ihnen die Verlegenheit einer Antwort ersparen. Es ist gut, daß Sie hier sind. Es führt mich zu meiner zweiten Bitte an Sie. — Hortense, hast Du Lust, die Blüthe der Memeler Aristokratie kennen zu lernen?

Ich wüßte nicht, wozu, sagte die Dame.

Und als Ebenbürtige von ihnen aufgenommen zu werden? Und unter den Ebenbürtigen als die schönste gefeiert zu werden?

Herr Arthur Morlot erbebte.

Durch das Gesicht der Jüdin zog sich ein triumphirendes Lächeln.

Mit Dir gehe ich überall hin, Alphons.

Parbleu, Herr Morlot, Sie haben gehört. Sie werden mir eine Einladung zu der heutigen Gesellschaft bei Herrn James Morlot, Ihrem Onkel, verschaffen, mir und Madame, Madame — ah, Madame de Lambert. Nicht wahr, Sie werden! Ich muß von Angesicht

zu Angesicht vergleichen, wer schöner ist, Madame oder
Mademoiselle, Ihre Schwester. Also — darf ich die
Einladung, als jetzt schon durch Sie geschehen anneh=
men? Oder wird Herr James Morlot es vorziehen, mir
seinen Diener hierher zu senden? Es gäbe auch noch
ein Drittes, Herr Morlot —

Sehen Sie sich als durch mich eingeladen an,
knirschte Herr Arthur Morlot mit den Zähnen.

Ich danke Ihnen, mein Herr. Wir werden erscheinen.

Herr Arthur Morlot stürmte zu der Stube hinaus.

Aber ich habe meine Garderobe nicht hier, sagte die
Dame.

Parbleu, sie war schon gestern zum Schiffe geschafft.
Wir fahren hin. Ein Boot wird zu erhalten sein. Die
See ist ruhig. Um zehn Uhr, zur richtigen Zeit, sind
wir wieder hier.

Und warum die ganze Geschichte, Alphons?

Ich bin so glücklich, Hortense, und Du weißt es,
wenn ich glücklich bin, dann bin ich übermüthig, dann
muß Alles mein werden. Die Pekins! Sie müssen
sich ärgern und dürfen es nicht zeigen. Und Du wirst
die Schönste sein, Hortense. Ha, wie werde ich ver=
gnügt, wie werde ich glücklich sein!

Die schöne Jüdin schien doch so etwas, wie ein
Grauen, erfassen zu wollen. Dachte sie an das Sprich=
wort: Uebermuth thut selten gut! Oder an das: Wenn

dem Esel zu wohl ist, so geht er auf das Eis und bricht ein Bein! Aber sie mochte den Franzosen kennen, daß der Widerspruch ihn nur reizen könne. Sie unterwarf sich ihm gehorsam.

Friedrich, rief Herr de Lambert zur Thüre hinaus, können Sie mir ein Boot zu meinem Schiffe verschaffen?

Soeben, antwortete Friedrich, legt das Boot des Amerikaners mit seinem Herrn hier an.

Bitten Sie den Herrn Wasar um die Erlaubniß, sein Boot benutzen zu dürfen.

Friedrich war nach zwei Minuten wieder da.

Es wird dem Herrn Wasar zum Vergnügen ge= reichen, wenn Sie von seinem Boote Gebrauch machen können.

Deinen Arm, Hortense.

Sie verließen alle Drei die Krugstube.

————

7.

Ein Sohn und sein Vater.

Edmund Wasar hatte das Boot, das ihn von seinem Dampfschiffe an das Land brachte, verlassen. Er hatte es dem Franzosen, der darin zu seinem eigenen Schiffe fahren wollte, zur Disposition gestellt. Er ging zum Kruge. Er traf den Krüger.

Ist mein Schlitten hier?

Nein, Herr Wasar.

Auch gut, sagte Edmund Wasar. Ich mache den Weg zu Fuße. Wenn der Schlitten kommt, so schicken Sie mir ihn zum Schapenwalle.

Er ging weiter, den Strand hinunter.

Er kannte den Weg. Er hatte ihn so oft gemacht.

Er war nur wenige hundert Schritte gegangen, als er vor sich ein Rufen um Hülfe hörte.

Er wäre nicht Edmund Wasar gewesen, wenn er

sich nicht schon im Augenblicke nachher auf dem Platze
befunden hätte, wo gerufen wurde.

Aber er konnte keine Hülfe bringen.

Zwei Gensd'armen hatten einen Menschen verhaftet.
Sie waren im Begriff, ihn zu binden.

Der Verhaftete war Toms Kurszat.

Der Dieb erkannte Edmund Wasar.

Herr, rette mich, befreie mich! rief er.

Er dachte wohl, der Amerikaner, der ihn einmal befreit habe, könne und müsse ihn immer befreien.

Edmund Wasar war anderer Ansicht.

Hm, Bursch, sagte er, diesmal kann ich Dir nicht
helfen. Du thust mir leid, denn ich höre, daß Du wohl
das Zuchthaus nicht wieder verlassen wirst. Aber am
Ende hat ja Jeder sein Zuchthaus, und Deines ist nur
etwas kleiner, als das anderer Leute, die träumen in
der Freiheit zu sein. So lebe denn wohl, armer Bursch
und —. Ah, Herr Gensd'arm, darf ich —?

Mein Herr, ich bin Wachtmeister, sagte der Wachtmeister der Gensd'armerie, den er angeredet hatte.

Ei, mein verehrter Herr Wachtmeister, verzeihen Sie
mir. Ein Amerikaner kann wohl einmal vergessen, daß
er in Preußen ist. Also meine Bitte, Herr Wachtmeister!
Würden Sie mir erlauben, daß ich dem arm n Burschen
da einen Zehrpfennig mit auf den Weg gebe?

Sie meinen Geld, mein Herr?

Ich meine Geld, Herr Wachtmeister.

Da bedaure ich. Gefangene dürfen kein Geld mit sich führen. Das Gesetz leidet es nicht.

Ja, ja, Herr Wachtmeister, Sie haben sonderbare Gesetze hier in Preußen, und wenn nicht die Beamten so vortrefflich wären — und zu den Beamten, Herr Wachtmeister, rechne ich auch die Wachtmeister der Gens-d'armerie — dann, nun dann dürften Sie nicht so ruhig vor mir stehen und Sie hätten auch mich schon so bin-den müssen, wie den armen Teufel da. Sie wissen es doch, Herr Wachtmeister?

Sie sind der Herr Edmund Wasar?

Der bin ich.

Dann ist der Haftbefehl, den wir gegen Sie hatten, heute Mittag zurückgenommen.

Ja, weil Ihr Kreisjustizrath, bei dem ich am Mor-gen war, ein verständiger Beamter ist, und weil ich Ihren Gesetzen durch eine Caution Genüge leisten konnte. — Aber, was ich noch fragen wollte, Herr Wachtmeister, darf ich denn Ihnen Geld für den Burschen anver-trauen?

Das dürfen Sie schon, Herr Wasar, und ich werde es getreulich an die Behörde abliefern.

Das bezweifle ich wahrhaftig nicht, sagte Edmund Wasar, und er sagte es ohne alle Ironie, und er konnte das.

Ich, der Schreiber dieser Zeilen, habe in meinem langen Beamtenleben in Preußen viele Wachtmeister der Gensd'armerie kennen gelernt; aber — mochten sie im Uebrigen manchmal sein, wie sie wollten — es war kein einziger unter ihnen, auf dessen Ehrlichkeit man nicht hätte Häuser bauen können.

Wasar händigte dem Wachtmeister eine Summe Geld ein.

Man soll es für die alten Tage des Burschen auf= bewahren, wenn er nicht mehr arbeiten kann.

Toms Kurszat mußte sich die hellen Thränen aus den Augen wischen. Er konnte es nur mit der Rück= seite seiner beiden Hände, die ihm der andere Gensd'arm unterdeß zusammengebunden hatte.

Auch in den Augen des alten Wachtmeisters glänzte es, als wenn sie ihm naß werden wollten.

Aber an ihn hatte der Herr Wasar noch eine Bitte.

Kann ich den Burschen noch auf einen Augenblick allein sprechen?

Sie können.

Tritt zu mir auf die Seite, Toms Kurszat.

Herr, wie soll ich Dir danken —?

Wie Du das sollst, Bursch? Du hast mir gestern Dinge anvertraut über einen reichen Mann in Memel, und über seine Frau und über ein Kind und einen

Mann mit Narben im Gesicht. Ich hoffe, Toms Kurszat,
es kommt niemals wieder ein Wort über Deine Lippen.

Der Dieb wurde blaß und roth.

Er hatte ein Gewissen, er hatte Scham.

Niemals, Herr, ich schwöre es Dir, schwor er.

Aber, Bursch, Du sagst das so sonderbar.

Ich will es Dir bekennen, Herr. Ich habe für mein
Schweigen schon Geld bekommen.

Und von wem, Bursch?

Von der Herrin aus Memel selbst. Sie war hier
vor einer halben Stunde bei mir.

Ha, Teufel!

Wasar errieth leicht Alles, und er benutzte es.

Du hast das Geld noch?

Sie haben es nicht bei mir gefunden.

So wirst Du um so mehr schweigen. Sprichst
Du, so erfahren sie, daß Du das Geld hast, und Du
hast es nicht mehr.

Du hast Recht, Herr.

Gehe mit Gott, Mensch!

Die Gensd'armen zogen mit Toms Kurszat ab.

Edmund Wasar schüttelte den Kopf hinter ihm her.

Aber, mußte er sich dann doch sagen, ist er denn
ein größerer Lump als Andere? Er hat auch einmal in
dieser Weise sein Geschäft zu machen gesucht, um zu

leben. Und leben wollen und müssen sie Alle, also auch Geschäfte machen.

Er setzte seinen Weg zum Schapenwalle fort.

Er erreichte ihn, er erreichte das Brinkmann'sche Haus.

Er trat in das freundliche Stübchen der beiden Schwestern.

Die Schwestern waren da.

Marie Morlot war mit ihnen.

Sie hatten sich von vergangenen Tagen erzählt, von Freude und Leid. Das Leben muß dem Menschen Beides bringen.

Regine — die Arme, sie hatte stets mehr des Leides, als der Freude gehabt, und sie hatte jetzt nur noch Leid. Sie saß still betrübt bei den beiden jüngeren Mädchen.

Still saßen auch die beiden Anderen, aber in ihrem Herzen lebte, wenn auch unter Zagen, Glück und Hoffnung.

Sie sprangen auf, als der junge Amerikaner eintrat. Marie erblassend, Anna purpurroth.

Es war für Beide so natürlich.

Anna sah plötzlich den Mann vor sich, den sie liebte.

Sie kommen ohne Robert? fragte Marie.

Wasat war auf die Frage gefaßt.

Ich komme allein, Marie. Aber Sie dürfen nicht verzagen. Und Sie werden es nicht. Ich kenne ja Ihr

muthiges Herz. Robert ist wieder ergriffen, und zum
Gefängnisse zurückgebracht.

Sie mußte sich doch an Anna halten; um nicht um=
zusinken.

Aber doch, fuhr Edmund Wasar fort, wird der ehren=
werthe Master Cofburn Sie morgen auf meinem Schiffe
mit ihm trauen. Sie kennen mich, Marie, Sie wissen,
daß ich kein eitler, leerer Prahler bin. Hier meine
Hand auf das, was ich sagte.

Sie hatte schon vertrauensvoll ihre Hand in die sei=
nige gelegt.

Darf ich Näheres von Ihnen erfahren? sagte sie nur.

In einer Stunde. Ich habe nur noch eine Bitte
an Sie: mich in einer Stunde zu dem Schlosse Ihres
Onkels zu begleiten.

Er hat große Gesellschaft dort, Herr Wasar.

Ja. Sie werden?

Ich folge Ihnen in Allem.

Wasar wandte sich an Anna.

Anna, ich habe ein paar Worte mit Dir zu sprechen.

Sie hatte schon lange seinen Blick gesucht. Auch
sie hatte ihm etwas zu sagen. Es mußte etwas Drin=
gendes, Wichtiges sein.

Sie führte ihn wieder in ihr Schlafstübchen.

Anna, es schleicht seit gestern oder vorgestern ein
fremder, pockennarbiger Mensch hier herum.

Ein häßlicher Mensch, Herr Wasar. Ich mußte
zittern, wenn ich ihn sah. Und mein Vater —

Was ist es mit Deinem Vater?

Ich muß es Ihnen sagen, Herr Wasar. Ich habe
eine so große Angst auf dem Herzen. Ich glaube, es
geht auch Sie an.

Erzähle, meine liebe Anna.

Der fremde, häßliche Mensch war auch heute wieder
da. Er schlich um das Haus, um den Wall. Gott
weiß, was er suchte. Mir wurde unheimlich, wenn ich
ihn sah. Ich mußte an meinen Vater denken; warum,
wußte ich selber nicht. Ich suchte mit Reginen den
Vater im Hause zu halten. Aber den Fremden sah er
doch einmal. Im ersten Augenblicke wurde er sehr unruhig. Ich fürchtete, er würde einen Anfall bekommen.
Aber er wurde wieder ruhig, und nun sah er den Fremden so besonders an, so wie mit einer wilden Lust, als
wenn er etwas mit ihm vorhabe. Er ging dann gleich
in seine Stube. Ich mußte ihm leise folgen, um an
der Thür zu hören, was er drinnen mache. Er sprach
mit sich selbst, laut, aber in abgerissenen Worten, und
dabei kam auch Ihr Name vor, Herr Wasar. Watson,
Wasar, sagte er mehrere Male. Alle Beide! Alle Beide!
rief er dann, und ich meinte, ich sähe dabei wieder jene
wilde Lust in seinem Gesichte. Dann rief er den Namen Morlot. Der alte Spitzbube, der Schuft, der

Schurke! rief er hinterher. Dann wiederholte er die Namen Wasar und Watson. Und diesmal soll es besser gehen! sagte er dann. Ja, ja, heute Abend! In der Nacht! Es soll nicht fehlen. Darauf wurde er still. Ach, Herr Wasar, ich hatte eine große Angst, und ich konnte es kaum erwarten, bis Sie kamen.

Wie war er nachher? fragte Edmund Wasar.

Nachher war er ruhig.

Und jetzt?

Er ist ruhig in seiner Stube geblieben.

Sorge, daß er darin bleibt. Der Fremde ist auf dem Walle, und ich habe mit ihm allein zu sprechen.

Mit dem häßlichen Menschen? Und Sie fürchten sich nicht?

Nein, mein Kind.

Sie fürchten sich auch vor meinem Vater nicht?

Nein, meine liebe Anna, und fürchte auch Du nichts.

Er verließ das Stübchen. Er ging auf den Scha=penwall.

Der Abendhimmel war klar geblieben. Die Sterne und der Schnee leuchteten.

Auf dem Walle schritt ein einzelner Mann langsam auf und ab.

Wasar ging auf ihn zu.

Der Mann blieb stehen und erwartete ihn.

Wasar sah, wie er mit der rechten Hand in seinen Busen faßte.

Er lächelte, aber es war ein schmerzliches Lächeln.

Die beiden Männer standen vor einander, das häßliche, entstellte, gemeine Gesicht des Engländers John Watson, das schöne, kräftige, offene Gesicht des Amerikaners Edmund Wasar.

Sie bringen mir Nachricht von meinem Kinde? fragte der Engländer.

Vorher eine Frage, mein Herr, sagte Wasar. Halten Sie da ein Terzerol oder einen Revolver in Ihrem Busen?

Einen Revolver.

Sie haben also auch Mißtrauen gegen mich?

Er mußte lächeln bei der Frage. Soeben hatte Anna ihn gefragt, ob er sich nicht vor dem Fremden fürchte.

Ich bin gern immer auf meiner Hut.

Sie haben Recht, nach dem, was Ihnen hier schon begegnet ist. Indeß machen Sie sich jetzt keine unnöthige Mühe, zumal da wir lange miteinander werden zu reden haben.

Der Engländer nahm die Hand aus dem Busen.

Nun, mein Herr? Mein Kind?

Sie sollen es noch heute sehen —

Es lebt?

Es lebt.

Hier —?

Hier, mein Herr, und, wie gesagt, Sie sollen es noch heute sehen, wenn wir zuvor noch einige Neben=
punkte abgemacht haben.

Reden Sie, mein Herr.

Sie sind Engländer, Herr Watson?

Ich bin Engländer.

Sie wohnten früher in London?

Ich wohnte früher in London.

Sie hatten dort ein Geschäft?

Ich hatte ein Geschäft dort.

Dieses Geschäft bestand darin, daß Sie das Haupt einer Diebesbande waren, sich auch nebenbei mit Fäl=
schung von Wechseln und anderen Papieren abgaben.

Mein Herr —!

Darf ich bitten, mich ruhig weiter anzuhören?

Tollhausreden soll man mit Ruhe anhören. Reden Sie weiter.

In jenem Geschäft lernten Sie den Herrn James Morlot kennen.

John Watsons Gesicht nahm, wohl wider seinen Willen, den Ausdruck steigender Aufmerksamkeit an.

Edmund Wasar fuhr fort:

Er kam damals aus Amerika. Er hatte sich dort ein bedeutendes Vermögen erworben. Er wollte damit in seine Heimath zurückkehren, nach Preußen, nach

Memel. Er hielt sich auf der Durchreise in London auf; mit seiner Familie, mit seinem ganzen Vermögen. Ihre Leute hatten ihn als herrliche Beute ausgekundschaftet. Den gegen ihn von Ihrer Bande beschlossenen Coup wollten Sie selbst ausführen. Es gehörte freilich Schlauheit, Gewandtheit, Muth, Alles in hohem Grade, dazu. Sie machten seine Bekanntschaft; Sie schlichen sich in sein Vertrauen. Er wollte nach Memel. Sie gaben sich ihm als Schmuggler zu erkennen. Sie boten ihm eine Verbindung, für diese vortheilhaften Bedingungen an. Er ging darauf ein. Sie fanden Zutritt in seine Wohnung und so Gelegenheit, von seinen Schlössern Wachsabdrücke zu nehmen und danach zu seinen Behältnissen sich falsche Schlüssel zu verschaffen. Sie bestahlen ihn. Aber Sie hatten Ihren Zweck nicht ganz erreicht. Sie fanden nur die Hälfte seiner Gelder und Papiere. Die andere Hälfte hatte ihm irgend eine Zufälligkeit gerettet. Er blieb immer noch ein vermögender, gar reicher Mann. So kehrte er nach seiner Heimath Memel zurück. Der Verdacht des gegen ihn verübten Verbrechens hatte sich bei ihm auf Sie gelenkt, schon gleich nach der That. Aber er hatte keine Beweise; er hätte sein Eigenthum von Ihnen nicht zurückbekommen; er war klug. Er war klüger als Sie. Er verbarg seinen Verdacht. Er brach seine Verbindung mit Ihnen nicht ab. Sie wurden durch diese in der That Schleichhändler in Gemeinschaft mit ihm. Ihr Geschäft in London war zudem unsicher geworden. Das neue Geschäft blühte. Sie erwarben ein großes Vermögen. Der Tag der Rache, der Wiedervergeltung, oder wollen Sie: der Wiedererlangung des an Sie Verlorenen, kam für Herrn James Morlot. Er machte Ihnen den Vorschlag, unter fremdem Namen nach Memel überzusiedeln und dort ganz mit ihm in Compagnie zu treten. Sie gingen bereitwillig darauf ein. Gerade zu jener Zeit waren einige Mitglieder von Ihrer Bande gefangen und gehängt worden. Gehängt unzweifelhaft nicht eher, als bis sie allerlei Geständnisse gemacht hatten. Dabei war denn eben so unzweifelhaft Ihr Name genannt worden. Sie reisten nach Memel ab. Zeit und Ort Ihres Landens war zwischen Ihnen und Ihrem neuen Compagnon verabredet. Große Ostentation durfte dabei nicht gemacht werden. So kamen Sie an, wie bisher als Schleichhändler, in der Nacht, hier in der Nähe an einer öden Stelle des Strandes, allein. Doch nicht ganz allein.

Herr James Morlot empfing Sie bei Ihrem Aussteigen an das Land. Er nahm Ihnen, was Sie bei sich hatten, eben Alles. Dann gab er Sie dem Wasser zurück, mit einem Abschiedsgruße, von dem Sie das Andenken noch heute in Ihrem Gesichte tragen, und mit einem Wunsche, mit einer festen Zuversicht, die sich frei=

lich nicht erfüllten: Sie kamen aus dem Wasser wieder
hervor.

Wasar machte eine Pause. Er sah den Mann an,
dem er dessen eigene Abenteuer erzählte.

Der Engländer hatte ihm in stillem Nachdenken zu=
gehört. Er mochte wohl darüber sinnen und grübeln,
woher der Erzähler die Thatsachen wisse, die er ihm
mittheilte.

Habe ich richtig erzählt, Herr Watson? fragte
Wasar ihn.

Fahren Sie fort, mein Herr, versetzte der Herr
Watson.

Edmund Wasar fuhr fort:

Drei Wochen vor jenen Ereignissen war Ihnen Ihre
Frau gestorben. Sie hatte Ihnen zwei Kinder hinter=
lassen, einen Knaben von sechs Jahren und ein Mäd=
chen, dessen Geburt die Arme nur wenige Tage über=
lebte. Die Arme! Sie war eine so brave Frau gewesen,
und hatte so schlechte Tage verlebt. Der Gram hatte
früh ihr Leben zerstört, der Gram über den Gatten,
dem sie einmal angehörte. — Aber zu den Kindern.
Den Knaben ließen Sie, als Sie nach Deutschland ab=
reisten, in London zurück. Das Mädchen, das Kind
von drei Wochen, nahmen Sie mit sich. Sie hatten
seiner Mutter an ihrem Todesbette geschworen, es nicht
zu verlassen, es mit sich zu nehmen. Sie wußte von

Ihrer Uebersiedelung nach Memel. Sie hoffte dort bessere Tage für das Kind. Und Sie — hatten wenigstens einen Funken von Gewissen.

Das Kind war Ihnen entrissen, als Sie am Strande überfallen wurden.

Ihr Schiff kehrte nach England zurück. Sie kamen mit Rachegedanken und mit Gedanken an Ihr Kind dort an. Sie mußten alle diese Gedanken fahren lassen. Was Sie bei Ihrer Abreise aus England befürchtet hatten, war unterdeß zur Wahrheit geworden. Sie hat= ten kaum den Boden Altenglands betreten, als Sie ver= haftet und vor Gericht gezogen wurden. Schlau waren Sie immer gewesen. Von Allem, dessen man Sie hätte anklagen können, konnte man Ihnen vielleicht nicht den zehnten Theil beweisen — Dank Ihrer Law of evidence — Sie wurden nicht gehängt, aber nach Botanybai deportirt.

Von da sind Sie vor wenigen Wochen zurückge= kommen, wenn ich nicht irre, mit einem nicht unbedeu= tenden Vermögen, das Sie sich in Ihrem gezwungenen Exil, übrigens gewiß auf ehrliche Weise, erworben ha= ben, jedenfalls mit Ihren alten Gedanken an Rache und an Ihr Kind. Zunächst an Ihr Kind. Sie wollen vor Allem wissen, ob es lebt, wo es lebt. Dann kommt die Rache an die Reihe. Diese in erster Reihe könnte alle Ihre Nachforschungen nach dem Kinde zu nichte machen. — Nun, mein Herr, habe ich Ihnen ferner richtig erzählt?

Sie haben, mein Herr, sagte der Engländer. Werden Sie mir jetzt Ihre Nachrichten über mein Kind mittheilen?

Nicht blos über eins, mein Herr, sondern über Ihre beiden Kinder.

Auch über meinen Sohn haben Sie Nachrichten?

Auch über ihn. Sie hatten ihn, als Sie vor jenen zwanzig Jahren nach Memel abreisten, in London bei einem Freunde zurückgelassen. Sie hatten ihn dort zurücklassen müssen. Jener Freund war einer Ihrer Diebesgesellen. Ihre Gesellen trauten Ihnen nicht, als Sie abreisten. Sie hatten ihnen ja auch nicht die Wahrheit gesagt. Da gaben Sie Ihren Sohn den Gesellen zum Pfande hin, daß Sie kein Verräther an ihnen werden würden. Ihr eigenes, sechsjähriges Kind überließen Sie Dieben und Räubern. Es sollte zum Diebe und Räuber angelernt werden. Aber der Knabe hatte das bessere Blut, den braven Sinn seiner armen Mutter. Er entwich dem Elenden, dem sein Vater ihn übergeben hatte. Er flüchtete zu einem Oheim. In London, in England war er indeß nicht sicher. Die Macht der Londoner Diebesbande ist groß. Der Oheim schickte das Kind mit einem Freunde nach Amerika. Der Knabe, der Jüngling, der junge Mann, sie hatten

Glück in dem fremden Lande. Haben Sie, Herr Wat=
son, in Australien sich ein Vermögen erworben, Ihr Sohn
besitzt nicht weniger als Sie. Vor einigen Monaten
kehrte er aus dem fernen Welttheile nach England, nach
London zurück. Es drängte ihn, von dem Vater zu
hören, der ihn Dieben übergeben hatte, die Schwester
aufzusuchen, die er wenige Stunden nach der Geburt,
dann nicht wieder gesehen hatte. Er erfuhr die Depor=
tation des Vaters nach Botanybai und daß man seitdem
nichts weiter von ihm vernommen hatte. Von der
Schwester erfuhr er lange nichts. Er mußte in die
Höhlen der Londoner Diebe hinuntersteigen, um endlich
etwas von ihr zu hören. Da wurde denn, wie von
einer alten, dunklen Sage, davon gesprochen, daß John
Watson vor vielen Jahren, kurz bevor ihm der Prozeß
gemacht worden, mit seinem Kinde nach der Ostsee, wie
es hieß, nach Memel verreist gewesen und von dort
als ein armer, elender Mann zurückgekommen sei, be=
raubt seines Vermögens und seines Kindes. Wo war
das Kind geblieben? Niemand mußte es. Der Bruder
mußte es wissen. Er war reich, unabhängig, glücklich.
Durfte seine Schwester, das Kind seiner armen Mutter,
in Armuth, in Elend, im Dienste bei fremden Leuten
sein? Er reiste nach Memel. Er erkundigte sich hier,
er erkundigte sich da. Er mußte vorsichtig verfahren,
um nicht die Beute eines Betruges, um nicht sonst auf

falsche Spur geleitet zu werden. Er erfuhr Mancherlei, er errieth Anderes, er combinirte Vieles. Er fand eine Spur, er verlor sie wieder. Er hat endlich die richtige gefunden. Ihre Tochter lebt, Herr Watson.

Und Sie, mein Herr, haben ihre Spur gesucht und gefunden? fragte der Engländer mißtrauisch.

Ja, mein Herr, antwortete trocken Edmund Wasar.

Und Sie wären also mein Sohn?

Ja.

Hm, mein Herr —

Sie meinen, ich müsse Ihnen Beweise liefern, mein Herr?

Ich meine das in der That.

Sie hätten Recht, Herr Watson, wenn ich von meiner Seite irgend einen Anspruch darauf machen wollte, Ihr Sohn zu sein. Ich bin vollkommen entfernt davon. Ich habe Ihnen nur auf Ihre ausdrückliche Frage, ob ich Ihr Sohn sei, mit Ja geantwortet. Ich war das der Wahrheit schuldig, und glaubte es auch Ihnen schuldig zu sein. Im Uebrigen, mein Herr, verschulde ich Ihnen nichts und — Edmund Wasar kann nie der Sohn John Watsons sein. Und, mein Herr —

John Watson war doch bewegt geworden. Durch sein graues, häßliches Gesicht zog eine fliegende Röthe, seine Augen leuchteten und irrten unstät nmher. Er schien etwas sagen zu müssen.

Edmund Wasar brach ab, um ihn sprechen zu lassen.

Sie wollten mir noch etwas sagen, Herr Watson?

Nein, mein Herr. Aber Sie hatten noch Worte auf der Zunge.

Ja. Ich wollte Ihnen noch sagen, daß, so wie ich keinen Anspruch darauf mache, Ihr Sohn zu sein, Sie keinen Anspruch darauf machen dürfen, der Vater Ihrer Tochter sein zu wollen. Sie sollen Ihr Kind sehen, heute noch, aber unter zwei Bedingungen. Die erste ist, daß Sie durch kein Wort und durch kein Zeichen verrathen, daß Sie vor Ihrem Kinde stehen. Die Gewalt über sich haben Sie dazu. Versprechen Sie mir, es zu wollen?

John Watson durchmaß in großer Aufregung den Schnee auf dem Schapenwalle.

Bin ich denn ein so verworfener Mensch? rief er.

Er rief es schmerzlich.

Nun, mein Herr? fragte Edmund Wasar kalt.

Er mochte sich genug Gewalt anthun müssen, um äußerlich kalt erscheinen zu können.

Ich gebe Ihnen das Versprechen, preßte der Engländer hervor.

Dann meine zweite Bedingung. Sie reisen noch in der heutigen Nacht von hier ab, und bekümmern sich nie wieder um Ihre Kinder.

Großer Gott, sagte der Engländer, muß ich so, so meine Kinder wiederfinden?

Durften Ihre Kinder ihren Vater so wiederfinden, mein Herr? Ich kann es am Ende ertragen. Ich wußte ja von Ihnen. Aber Ihre Tochter, das reinste, das unschuldigste und unbefangenste Herz, das bei dem Gedanken an ein Verbrechen und an einen Verbrecher erbebt, darf sie erfahren, darf sie nur ahnen, wer ihr Vater ist? Wäre es nicht für immer mit ihrer Ruhe, mit ihrem Glücke vorbei?

Ich unterwerfe mich auch Ihrer zweiten Bedingung, sagte der Engländer.

Sie sollen in einer Stunde Ihr Kind sehen, Herr Watson.

Wo?

Kennen Sie das Schloß des Herrn James Morlot da oben auf dem Berge?

Dorthin soll ich kommen?

Dorthin müssen Sie kommen. In die Höhle des Löwen, meinen Sie? Ich stehe für Ihre volle Sicherheit ein. In einer Stunde wird mein Schlitten Sie am Fischerkruge abholen. Gehen Sie jetzt dahin. Auf Wiedersehen.

Er wollte sich entfernen.

Noch eine Frage, mein Herr, sagte der Engländer. Wie heißt mein Kind?

Marie.

Und Sie heißen Edmund. Ja, so wurden Sie ge=
tauft. O — o, mein Herr, geben Sie mir Ihre Hand.

Nein, mein Herr.

Mein Kind, mein Sohn. —

Nachher, zum Abschiede, mein Herr.

Der Engländer stürzte fort.

Edmund Wasar mußte noch einige Male auf dem
Walle auf= und abgehen, um Herr über die Gefühle zu
werden, die in seiner Brust tobten. Dann schritt er
langsam den Wall hinunter, zu dem Brinkmannschen
Hause.

————

Eine glänzende Gesellschaft.

————

Der neue Theil des alten Ritterschlosses auf dem Schwarzorter Berge war hell erleuchtet. Durch alle Fenster in der langen Façade schimmerte der Glanz der Kronleuchter, der Wachskerzen. An dem Portale verbreiteten hohe Lampen eine Helle des Tages.

Am Portale fuhren noch einzelne Schlitten der Gäste vor.

Oben in den Sälen waren zahlreiche Gäste versammelt. Sie waren aus Memel gekommen; von den vielen Rittergütern in der Umgegend von Memel; von der Nehrung. Alle Stände der „Gesellschaft“ waren vertreten: Kaufleute waren da, Gutsbesitzer, Beamte, Geistliche aus Memel und der Pfarrer von Schwarzort.

Herr James Morlot gab allen seinen Freunden und Bekannten ein Zauberfest. Es waren wohl auch Per=

sonen darunter, die nicht seine Freunde waren, und auch
Andere, die er nicht einmal kannte.

Die Gesellschaft war munter, belebt. Man sah sich
zum ersten Male in dem restaurirten alten Schlosse des
Deutschen Ordens. Alles war hier neu, und Alles war
glänzend. Man erstaunte über das Neue, man bewun=
derte den Glanz.

Die Frau des Hauses machte die aufmerksamste, die
liebenswürdigste, die heiterste Wirthin, und sie strahlte
in der wunderbaren Schönheit, die sie in ihre funfziger
Jahre hinein trotz, nein, mit ihren vollen, schnee= und
glänzend weißen Locken sich zu erhalten gewußt hatte.
Man mußte sie unwillkürlich ansehen, bewundern. In
der schönsten Zeit ihrer Jugendschönheit hatte sie nicht
einmüthigere und nicht eifrigere Bewunderung erregen
können.

Der Herr des Hauses, Herr James Morlot, war
nicht da. Er hatte auf ein paar Augenblicke seine Gäste
begrüßt und dann im Stillen sich wieder entfernt; seine
Gattin hatte bei denen, welchen seine Entfernung auf=
gefallen war, ihn mit plötzlichen, dringenden Geschäften
entschuldigt.

Der Herr Charles Morlot war an seine Gattin
herangetreten.

Sie saß an einem Tische mit anderen Damen und

hörte dem Gespräche der anderen Damen über die neue=
sten Familiengeschichten in Memel zu.

Mein theurer Engel, sagte der Herr Charles Morlot
zu seiner Gattin, hast Du jenes Gemälde schon be=
wundert?

Nein, mein süßes Herz, erwiederte die Gattin.

So erlaube, daß ich Dich hinführe.

Du wirst mir eine große Freude machen.

Sie stand auf und ging mit dem Gatten zu dem
Gemälde.

In der That, ein reizendes Bild, sagte sie.

Auguste, sagte der Herr Charles Morlot, was für
schleunige und dringende Geschäfte mag mein Bruder
so plötzlich bekommen haben?

Ich weiß es nicht, mein Herz.

Er hatte ein so eigenes Gesicht, ein so — Du weißt,
ich bin Menschenkenner, und verstehe mich auf Physio=
gnomieen. Es lag in dem Gesichte eine, ich möchte
sagen, so sonderbar entschlossene Angst. Er hat etwas
vor. —

Ich wüßte nicht, was es sein könnte, Charles.

Und auch meine Schwägerin — glaube mir, in aller
ihrer Munterkeit und Heiterkeit ist kein Funke Wahrheit.
Wenn sie fünf Worte gesprochen hat, muß sie tief Athem
schöpfen; es ist, als wenn eine innere Angst ihr die
Luft nähme.

Ich habe das nicht so gefunden, Charles. Du kennst freilich die Menschen —

Und Du bist das arglofeste Herz. Aber, Augufte, verlieren wir die Beiden heute Abend nicht aus den Augen. Es muß sich hier etwas ereignen.

Was könnte es sein, mein Herz?

Ich weiß es nicht, sagte diesmal der Gatte. Aber, setzte er hinzu, wenn ich mir allen diesen Glanz und Luxus hier ansehe, der, nebenbei bemerkt, mein Engel, nichts weniger, als einen geläuterten Geschmack zeigt — wie schwer, wie gedrückt, wie überladen kommt Einem hier Alles vor, ohne allen eigentlichen Schönheitsfinn, ohne ordnenden, belebenden Geist — wie anders, wie einfach zwar, aber wie erhaben einfach und von welchem wunderbar geistigen Leben durchhaucht, ist dagegen Alles in unserem Hause —. Ja, reich ist hier Alles, Augufte, maffiv reich, möchte ich sagen. Aber wenn ich mir all diesen Reichthum betrachte und dann bedenke, was für eine Bewandtniß es denn doch eigentlich mit dem Reich= thume eines Kaufmannes hat, und wie mein Bruder schon einmal, als jüngerer Mensch, sein ganzes Ver= mögen durchgebracht hatte, den sauer erworbenen Nach= laß seines braven Vaters, und wie er mir dann so fon= derbar vorkam, als wenige Tage nachher der enorm ver= ficherte Speicher niederbrannte! Und gerade so wie damals, sieht er auch jetzt, an dem heutigen Abend, wieder aus,

ganz die sonderbare wilde und wild entschlossene Angst. —
Auguste, wenn ich das Alles bedenke, es will mir in
der That unheimlich zu Muthe werden.

Du machst mir Angst, mein Herz!

Und auch die Frau, mein theurer Engel — ah, sie
ist klug, gewandt, obwohl ihr die wahre Weiblichkeit und
die Bildung fehlt, und auch sie ist heute so sonderbar!

Aber, mein Herz, kann, muß nicht das Mutterherz sich
gedrückt, gepreßt fühlen, durch das Schicksal des einzigen
Sohnes, der wieder zur Haft gebracht ist?

Nein, nein, mein Engel! Wäre sie dann überhaupt
hier? Könntest Du auf einem solchen Feste sein, gar selbst
ein solches Fest geben, wenn unser Adalbert oder Arthur —?

Nein, nein! rief die Frau.

Siehst Du, mein Engel? Sie hat keine Weiblichkeit,
wie ich sagte. Es muß also etwas Anderes sein. Und,
mein Engel, es ist sicherlich nichts Gutes, und trotz allem
dem Reichthum, den ich hier sehe, ich beneide sie nicht.
Nehmen wir nur ihren Sohn und unsere Kinder. Wie
glücklich sind wir in ihnen! Steh' Dir einmal unsere
Melanie dort an. Sie ist schön und glücklich, wie eine
Königin. Und der Graf an ihrer Seite, er schwimmt in
Entzücken. Ah, wir werden, wenn sie will, noch heute
die Verlobung feiern können. Laß uns in ihre Nähe
gehen, mein theurer Engel. Laß uns das Glück der
lieben Kinder recht voll mit ihnen genießen.

Sie gingen in die Nähe ihrer schönen Tochter.

Fräulein Melanie saß an der Seite des Grafen Wild=
berg. Die Beiden schienen unzertrennlich zu sein. Der
Graf schien in der That in Entzücken zu schwimmen.
Fräulein Melanie hatte ihn bezaubert, ohne ihr Geld.

Teufel, mochte er sich wohl gesagt haben, als Graf
und als Gardeoffizier könnte ich zwar eine dicke, plumpe
Holzhändlerstochter mit dem dreifachen Gelde bekommen.
Aber als armer Teufel, der mit sechsunddreißig Jahren
und diesem ordonnanzwidrigen Lieutenantsbauche noch im=
mer nur simpler Lieutenant ist — Seele, was willst Du
mehr? Graf Wildberg, da greife Du hier zu.

Sie hatten einen Platz gewählt, auf dem sie den gan=
zen Saal übersehen konnten und auch noch einen Blick
in die Nebensäle hatten. Fränlein Melanie machte ihren
Begleiter mit den Persönlichkeiten der Gesellschaft bekannt.
Sie war dabei die liebenswürdigste Bosheit selbst.

Jener große, starke Mann dort? Das ist unser Land=
rath. Er ist die erste Person hier, freilich als Civilbeamter,
denn unser Bataillons=Commandeur steht als erster Offi=
zier über ihm, ungefähr so, wie der oberste Kriegsherr
über dem Könige steht.

Unser Bataillons=Commandeur ist der hübsche, feine
Mann da, mit dem reizendsten Kammerjunkergesicht, das
jemals einem Hoffräulein fade Artigkeiten gesagt hat.
Sie werden ihm dennoch ansehen, Herr Graf, denn Sie

sind ja Mann vom Fach, daß er zu einem Feldherrn geboren ist, der noch einmal den Staat retten wird.

Sie meinen, weil er so schrecklich unbedeutend aussieht? fragte der Graf.

Deshalb nicht, aber weil er eine schöne, reiche und galante Frau besitzt, die ihm schon jetzt seine Carriere gemacht hat. Sie sehen sie dort an der Seite des Adjutanten ihres Mannes, und der Adjutant ist der Sohn des commandirenden Generals. Ach, das ist ja das Loos der armen schönen Frauen, daß sie sich aufopfern müssen, damit der Mann Carriere mache.

Dort links, gleich neben den Beiden, steht der englische Consul. Er sieht die schöne Frau und den jungen Offizier so sonderbar an. Ob er Vergleichungen mit seiner Heimath anstellt? Dort kauft man sich bis zum General hinauf; die Frauen haben es also besser.

Gleich an der Thür dort? Ah, das ist ja der ehrenwerthe Master Cofburn. Sie haben ihn gestern Abend kennen gelernt.

Da öffnet sich die Thür! Ei, ist das denn ein neuer Gast? Es ist der erste Buchhalter des Onkels, der alte, ehrliche Winkelmann. Aber, mein Himmel, der kommt mit einem Gesichte, wie man sich als Gast zum Leichenzuge einfindet. Und er sucht angelegentlich Jemanden. Ah, die Tante sieht ihn. Sie erschrickt. Sie geht auf ihn zu. Auch mein Vater hat ihn gesehen. Er nahet sich ihm ebenfalls. Aber sie sehen ihn nicht. Er will ja auch nur hören, was sie mit einander sprechen. O, mein Vater ist das theilnehmendste Herz von der Welt. Da geht der alte Winkelmann schon wieder. Er hat wohl nur den Onkel hier gesucht. Aber was mag er der Tante mitgetheilt haben? Sie ist so weiß geworden. Nicht wahr, Herr Graf, Sie haben den weißesten, feinsten Marmor nie schöner gesehen? Ja, meine Tante ist eine wunder= schöne Frau, und — wie ist mir denn? Ist sie der fin= stere Geist, der durch dieses Haus geht? Da ist einer. Auch das endende Schicksal? Nun — und das ist wahr= haftig mein vollster Ernst, Herr Graf — mag das Schicksal kommen, wie es will, es trifft meine Tante immer groß. Sehen Sie — sie hat eben einen furchtbaren Schlag erhalten, einen entsetzlichen, der andere Menschen sofort zerschmettert hätte — aber sehen Sie, mit welcher Freund= lichkeit sie sich zu dem jungen, allerliebsten, schüchternen Mädchen setzt. Sie ist die Tochter des Stadtgerichts= directors in Memel, der Stellung nach, wohl einer un= serer ersten Beamten; aber, mein Gott, der Mann ist kein Major, kein Landrath und kein reicher Kaufmann. Was gilt er da in der Gesellschaft? So saß denn auch seine arme Tochter so allein da, und nur meine Tante hatte in ihrem Herzen, das ihr wehe genug thun mag, noch einen Gedanken für sie. Das Herz einen Gedan= ken! Lachen Sie mich nicht aus, Herr Graf. Die Herren

Gardeoffiziere studiren im Kabettenhause Philosophie und
pflegen strenge Kritiker zu sein. Aber —. Aber, ent=
schuldigen Sie mich auf einen Augenblick. Ich sehe da
meinen Vater auf mich zukommen, er hat mir etwas
mitzutheilen.

Sie verließ den Grafen und ging ihrem Vater ent=
gegen, der in der That näher kam. Aber sagen wollte
er ihr wohl nichts. Sie hatte dagegen ihn zu fragen,
und da mußte er ihr denn antworten.

Was sprach der alte Winkelmann mit der Tante,
Vater?

Sie sind bankerott, mein Kind.

Wer, Vater?

Nun, mein Bruder. Der alte Winkelmann sprach
von enormen Verlusten. Die Nachricht war heute Abend
im Comtoir eingetroffen. Er ist sofort mit Courier=
pferden hierher geeilt. Morgen sind ungeheure Zah=
lungen zu leisten, und es ist kein Geld da.

Und hier diese glänzende Fete!

Ja, mein Kind! Heute Abend wird indeß hoffentlich
noch nichts eclatiren. Oder meinst Du doch? Ich wollte
nur, wir wären nicht da. Ich war gerade auf dem
Wege zu Deiner Mutter, um mit ihr zu überlegen, wie
wir recht bald mit guter Manier von hier fortkommen.
Wüßtest Du keinen Vorwand?

Ich wüßte nicht, warum wir gehen sollten. Die

Gesellschaft wird nur um so interessanter. Wir dürfen freilich Niemandem etwas mittheilen.

Mein Kind, sagte der Herr Charles Morlot, das Unglück schreitet schnell und die Trompete, die es verkündet, ist oft noch schneller da.

Fräulein Melanie hatte auf seine Worte nicht mehr geachtet. Die große Flügelthür des Saales war geöffnet und die Augen des schönen Fräuleins waren erwartend auf den neuen Gast gerichtet, der eintreten werde.

Es trat Jemand ein, bei dessen Anblick das Fräulein erblaßte. Sie wurde einen Augenblick lang eben so weiß, wie vorher ihre Tante. Aber sie glich in dem Augenblicke nicht dem schönsten und reinsten weißen Marmor, den man sehen konnte. Und sie war doch gewiß schön. Aber zwischen Schönheit und Schönheit und zwischen Erblassen und Erblassen giebt es Unterschiede.

Herr Alphons de Lambert war in den Saal getreten. Der Herr Charles Morlot hatte ihn nicht gesehen. Aber er sah, wie seine Tochter weiß wurde.

Mein Gott, Melanie, was ist Dir?

Sie hatte sich schon wieder erholt.

Meine Tanzschuhe sind etwas enge.

Es ist vorüber?

Vollkommen.

Auch der Graf Wildberg hatte das Erblassen des

schönen Fräuleins gesehen. Er eilte zärtlich besorgt
herbei.

Sie sind unwohl, mein Fräulein?

Es war nichts, Herr Graf, nahm der Vater das
Wort für die Tochter. Nur ein zu enger Schuh. Ja,
die Eitelkeit der Damen! Selbst meine vortreffliche Melanie kann sich nicht ganz von ihr lossagen.

Darf ich glauben, meine Gnädigste? fragte der Graf.

Sie dürfen, Herr Graf. Was wären wir armen
Frauen ohne das Bischen Eitelkeit? — Aber Sie, Herr
Graf? Tragen Sie gleichfalls zu enge Schuhe? Oder
vielmehr Stiefel?

Ich glaube, wahrhaftig, sagte der Graf.

Auch er war plötzlich blaß geworden. Auch er hatte
den Herrn de Lambert gesehen.

Der Franzose hatte sich der Frau vom Hause vor-
gestellt. Beide hatten einige höfliche Worte mit einander gewechselt.

Dann sah er sich suchend im Saale um. Zunächst
suchte er wohl den Herrn Arthur Morlot, um ihm seinen Dank für die Einladung zu sagen, die er ihm zu
verdanken hatte. Der junge Gardelieutenant war aber
nicht zu sehen. Er war wohl in einem anderen Zimmer, in dem man durch die geöffnete Thür viele junge
Damen sah.

Aber den Grafen Wildberg erblickte der Franzose und

neben ihm die schöne Schwester des Herrn Arthur Morlot, die er diesem am Abend vorher hatte abkaufen wollen, und die ihm der Herr Arthur Morlot auch verhandeln wollte, aber nur im Scherz, wie er heute im Schmugg= lerkruge gesagt hatte.

Nach dem Paare hin lenkte der Herr de Lambert seine Schritte.

Teufel, sagte der Graf Wildberg für sich. Der Stiefel drückt am Ende nur den Fuß. Den Kopf werde ich schon oben behalten. Der Schuft hat zwar die ver= dammten Wechsel von mir, und er ist hier auch so recht in der kaufmännischen Welt. Ich glaube, man könnte hier sofort eine Börse abhalten. Nur die Juden fehlen. Aber der Kerl wird doch nicht den Teufel im Leibe ha= ben, und wenn —? Pah, ich bin Offizier! Ich renne dem Burschen den Degen durch den Leib, ehe er sich umsieht. Wer wird mir etwas thun? Ich habe meine Ehre vertheidigt.

Er hatte seinen Muth wieder.

Fräulein Melanie hatte ihn schon längst wieder, zugleich mit ihrem trotzigsten Uebermuthe.

Der Franzose trat zu den Beiden.

Der Herr Charles Morlot hatte sie verlassen. Er mußte seiner Frau die Schreckensnachricht mittheilen, die der alte Buchhalter seiner Herrin hatte bringen müssen.

Mein Fräulein, wandte sich der Franzose an das Fräulein Melanie, ich bin entzückt, Sie hier zu sehen.

Und warum, mein Herr?

Weil ich Sie anbete.

Fräulein Melanie wurde nicht wieder blaß, aber roth. Sie schien auf einmal zu fühlen, daß sie zu einem Kampfe herausgefordert hatte, dem sie gegen einen solchen Gegner nicht gewachsen war. Aber sie hatte einmal angefangen, und sie war nicht die Dame, die leicht nachgab, und sie hatte doch auch den Grafen Wildberg zur Seite. Freilich, der Graf und ihr Bruder Arthur waren ihr Beide am gestrigen Abende in Gegenwart des Franzosen so bedenklich vorgekommen. Indessen, Fräulein Melanie war eine Dame, die dazu denken mochte: Pah, desto interessanter!

Mein Herr, erwiederte sie dem Franzosen, wer mich anbeten will, muß meine Erlaubniß dazu haben.

Und die hätten Sie mir nicht ertheilt, mein Fräulein?

Nein, mein Herr.

Ah, ich muß sie vielleicht von diesem Herrn einholen?

Fragen Sie diesen Herrn selbst.

Sie hören, Herr Graf!

Das ist eine verdammte Person! brummte der Graf wieder zwischen den Zähnen, wie am Morgen beim Frühstücksthee.

Aber er mußte sich ein Herz nehmen, und, man muß es ihm lassen, er nahm es sich voll.

Mein Herr, sagte er zu dem Franzosen, Sie müssen einsehen, daß, nach der Antwort, die Sie von dem Fräulein erhielten, Ihre Frage an mich nicht blos eine Abweisung, sondern auch zugleich eine Zurechtweisung finden muß. ·

Parbleu, mein Herr! fuhr der Franzose auf.

Was wäre Ihnen gefällig, mein Herr?

Mein Herr —

Aber er stockte, der Franzose. Es war rasch ein Gedanke in ihm aufgestiegen, aber eben so schnell hinterher ein Bedenken, ihn auszuführen.

Fräulein Melanie sah es.

Sollte ich mich geirrt haben? fragte sie sich. Hat Der keinen Muth?

Sie sollte noch mehr irre an ihren Vermuthungen werden.

Aus dem Nebenzimmer war ihr Bruder Arthur herausgekommen. Er hatte den Franzosen gesehen. Er war ruhig geblieben. Fräulein Melanie glaubte sogar eine gewisse Genugthuung in seinem Gesichte zu lesen, und sie hatte richtig gelesen. Daß der Herr Arthur Morlot sich darüber freuen mochte, den Franzosen wenigstens allein, ohne die schöne Jüdin zu sehen, das mußte sie freilich nicht.

Auch der Franzose hatte den jungen Lieutenant ge=
sehen, und augenblicklich ging er auf ihn zu, mit allen
Zeichen einer höflichen Freundlichkeit. Um den Grafen
kümmerte er sich nicht weiter.

Fräulein Melanie freilich ebenfalls nicht viel.

Ihr Bruder und der Franzose sprachen mit einan=
der. Sie hätte für ihr Leben gern gehört, was sie verhandelten.

Ihr Onkel, der Herr James Morlot, war in dem
nämlichen Augenblicke eingetreten und zu seiner Frau
gegangen, und es brannte Fräulein Melanie noch mehr,
zu hören, was diese Beiden mit einander sprachen.

Eine Tanzmusik ertönte in dem Augenblicke darauf
in einem der geöffneten Nebensäle.

Mein Fräulein, schenken Sie mir den Galopp? bot
der Graf Wildberg ihr seinen Arm.

Sie mußte den Arm annehmen und mit dem Grafen
in den Tanzsaal gehen. —

Der Franzose und Herr Arthur Morlot verhandelten
Folgendes mit einander.

Mein Herr, sagte der Franzose mit jener höflichen
Freundlichkeit, Sie wissen, daß Sie ein Lump sind, den
ich in meiner Hand habe.

Mein Herr, erwiederte der Herr Arthur Morlot, Sie
wollten sich als ein Mann von Ehre benehmen.

Parbleu, darum komme ich zu Ihnen. Zunächst

wollte ich Ihnen mittheilen, daß Hortense doch vorzog, nicht mit hierher zu gehen. Sie wäre am Ende vor Ihren Gerichten nicht sicher gewesen. Sie haben einfältige Gesetze hier in Ihrem Lande. Frankreich muß noch in mancher Beziehung die Civilisation in Ihr Deutschland tragen. Sodann, mein Herr, wollte ich die Ehre haben, Ihnen mitzutheilen, daß ich im Begriffe stehe, von hier abzureisen. Mein Schiff liegt segelfertig. Morgen früh, mit dem Grauen des Tages, lichtet es die Anker. Bis Mitternacht werde ich an Bord sein. Vorher muß ich auf die eine oder andere Art Genugthuung von Ihnen haben. Denn, daß ich Sie, den ich nach langem Suchen so glücklich hier wiedergefunden habe, nicht ohne Weiteres aus meinen Händen entlassen werde, das werden Sie sich selbst sagen. Mit Ihrer Schwester ist es nichts; wir sprachen am Nachmittage schon darüber. Welche andere Genugthuung wollen Sie mir geben? Ich lasse Ihnen die Wahl. Ich habe Ihnen einmal versprochen, die Sache ehrenhaft abzumachen. Sie verdienen es zwar nicht, aber ich bin ein Mann von Wort.

Der Herr Arthur Morlot hatte keine Antwort.

Sie können sich nicht sogleich entschließen? sagte der Franzose. Ueberlegen Sie. Wir haben Zeit bis Mitternacht. A revoir.

Die beiden Herren trennten sich mit allen Zeichen der freundlichsten Höflichkeit.

Der Herr James Morlot und seine Frau sprachen während der nämlichen Zeit Folgendes zusammen.

Ist Wasar noch nicht hier? fragte der Herr Morlot. Seine Augen suchten im ganzen Saale umher.

Nein, James, antwortete die Frau.

Du hast auch nichts von ihm gehört?

Nein.

Emilie, Du hast ihm Nachricht gegeben!

Wollte Gott, ich hätte es gethan.

Weißt Du, daß wir ohne ihn verloren sind?

Winkelmann hat mir Alles gesagt.

Nicht Alles. Er hat Dir nur gesagt, daß Christian Weber mit den zwanzigtausend Thalern, die er gestern von mir erhielt, in der Nacht verschwunden ist. Der Mensch war ein Schwindler, wie ich sehe. Er hat Dir sodann ferner gesagt, daß wir morgen funfzigtausend Thaler bezahlen sollen und keine zwanzigtausend in der Kasse haben. Aber verschwiegen hat er Dir, um Dich heute nicht völlig muthlos zu machen, daß, nach heute Abend gleichzeitig von zwei Seiten angekommenen Briefen, Brigth in Manchester und Bachmann in Riga fallirt haben. Wir sind Bettler, Emilie. Ohne die heutige Nacht sitze ich morgen im Schuldthurm und Du —

Er schwieg.

Der alte Diener Annus stand neben ihnen. Er war hereingetreten und zu ihnen gegangen, ohne daß sie ihn bemerkt hatten. Er wandte sich an die Frau.

Herrin, darf ich Dich um ein paar Worte bitten?

Ich soll es nicht hören? fragte der Herr Morlot.

Mein Auftrag lautet an die Herrin. Sie wird es Dir sagen, Herr, wenn es sein muß.

Der Herr Morlot trat zurück.

Herrin, sagte der Diener zu der Frau, der Herr Wasar ist hier.

Also doch! rief schmerzlich die Frau. Wo ist er?

In Deinem Cabinet. Er ist nicht allein da.

Wer ist mit ihm.

Fräulein Marie.

Die Arme! Sie glaubt am Ende Robert hier. Sie weiß nicht, daß er wieder gefangen ist.

Sie weiß Alles.

Und was will sie?

Das kann ich Dir nicht sagen. Der Herr Wasar bat mich bei seiner Ankunft mit dem Fräulein, sie in Dein Cabinet zu führen. Dann sandte er mich zu Dir, um Dich um eine Unterredung mit Dir zu bitten, aber mit Dir ganz allein; auch das Fräulein dürfe nicht dabei sein.

Weiß Jemand, daß die Beiden hier sind? fragte die Frau.

Nein. Ich stand zufällig allein am Portal, als sie kamen. Ich führte sie über die Hintertreppe.

Führe den Herrn Wasar in Dein Stübchen. Ich werde gleich da sein. Marie bleibt in meinem Cabinet.

Der alte Diener ging.

James Morlot kehrte zu seiner Frau zurück.

Darf ich erfahren, was er hatte?

Wasar ist hier.

Ha, endlich! Wo ist er?

Er ist mit Marie hier.

Fatal! Was wollen sie?

Ich weiß es nicht. Wasar läßt mich um eine Unter=redung bitten.

Wo sind sie?

Marie ist in meinem Cabinet. Wasar habe ich in die Stube von Annus führen lassen.

Dort willst Du ihn sprechen?

Ja.

Schicke Annus zu mir.

James!

Was willst Du?

James, Du willst heute zum zweiten Male ein Mörder werden.

Geh' nnd schicke mir den Annus.

Er ging eilig fort.

Sie mußte alle ihre Gewalt aufbieten, um sicheren,

feſten Schrittes den Saal verlaſſen zu können. Sie konnte es.

Der Galopp war zu Ende.

Die Tänzer kamen aus dem Tanzſaal.

Fräulein Melanie am Arme des Grafen Wildberg begegnete der unglücklichen Frau.

Iſt meine Tante nicht ein Engel von Schönheit? fragte ſie den Grafen.

Sie konnte ſo fragen.

9.

Ein Vater und seine Tochter.

Das Stübchen des alten Annus befand sich in dem neuen Theile des Schlosses. Es war ein Eckstübchen, nicht weit von dem Zimmer des Herrn James Morlot.

Edmund Wasar ging darin auf und ab, klar und ruhig, wie er immer war, auch in außerordentlichen, ungewöhnlichen Lagen seines Lebens. Nur sehr ernst schien er zu sein.

Er war allein in dem kleinen Stübchen. Der alte Diener hatte ihn hingeführt; die Herrin werde gleich erscheinen.

Die Thür wurde geöffnet. Die Frau Morlot trat ein.

Edmund Wasar hatte die Frau am gestrigen Tage in dem Comptoir ihres Mannes zum ersten Male gesehen. Gehört mußte er schon früher von ihr haben, und in einer Weise, die ein ganz bestimmtes Bild von

13*

der Frau in seiner Phantasie gezeichnet hatte; er hatte
ja schon seit drei Wochen Erkundigungen über die ge=
suchte Schwester eingezogen, und dabei so mancherlei
Spuren gefunden und weiter verfolgen müssen. Ihre
Erscheinung hatte einen sonderbaren Eindruck auf ihn
gemacht, hatte ihm ein Interesse für die Frau eingeflößt,
das er in der Minute vorher nur als zu den vollkom=
menen Unmöglichkeiten gehörend sich hatte denken können.

Er sah jetzt diese Frau wieder, in ihrer edlen Schön=
heit, in ihrem tiefen Schmerze, in ihrem wunderbar
klaren Wesen.

Sie war so, mit dem Allem, die Genossin eines
Mörders, selbst eine Mörderin.

Er kannte sie heute ganz.

Er mußte sich unwillkürlich tief, ehrfurchtsvoll vor
ihr verbeugen.

Auch die Frau hatte ihn gestern zum ersten Male
gesehen, seine ehrlichen, treuen Gesichtszüge, und in dem
nämlichen Augenblicke einen furchtbaren Gedanken auf
den tiefblassen Wangen ihres Mannes, in dem wilden
Feuer seiner Augen, mit dem er diese vernichtend auf
den jungen Mann vor ihm gerichtet hatte. Ein Schau=
der hatte sie durchbebt.

Was sie damals nur geahnt hatte, wußte sie heute
ganz. Der junge Mann sollte ein neues Mordopfer
werden. Und er stand wieder so offen und so ehrlich

und so klar und so ruhig da, und er neigte sich mit
jener tiefen Verehrung, vor ihr, die sie wieder Theilneh-
merin an einem Morde, an seinem Morde werden sollte.

Es regte sich plötzlich in ihrem Innern etwas, was
sie noch nie gefühlt hatte. Es durchzuckte, es durchbebte
sie. Sie war mit einem Male eine ganz andere Frau
geworden. Sie hatte im Augenblicke vorher gemeint,
vernichtet zusammensinken zu müssen. Sie stand fest,
hoch, erhaben da. Sie hatte einen großen, festen Entschluß gefaßt. Der Entschluß war eine That für die
Frau, die seit fast einem Menschenalter stets zu ihm
sich hatte erheben wollen, nie sich zu ihm hatte empor-
heben können. Sie war ja dadurch die unglückliche
Frau geworden.

Konnte sie jetzt noch glücklich werden?

Und sie stand da in einer wie überirdischen Schönheit. Der klare Entschluß ihres Innern hatte diese
Schönheit wunderbar verklärt.

Sie wünschten mich zu sprechen? sagte sie zu dem
jungen Amerikaner.

Ich habe eine ungelegene Zeit zu einer dringenden
Bitte gewählt, Madame —

Sie erschrak doch auf einmal. Sie zuckte zusammen.

Sie hatte eine Stimme wiedererkannt, die sie vor
wenigen Stunden gehört, die damals weder sie noch ihr
Kutscher, der alte Annus, gekannt hatte.

Was geschieht hier? Wer thut dem Manne etwas?
hatte jene Stimme gerufen, als ‚der alte Dieb Toms
Kurszat plötzlich von den Gensd'armen überfallen war.
Die Stimme war ihr eine fremde gewesen. Sie wurde
ihr jetzt zu der entsetzlichsten, die sie glaubte gehört zu
haben. Edmund Wasar, der Mann, der vor ihr stand,
kam fast unmittelbar von dem Diebe, der der Zeuge
jenes Mordanfalls gewesen war. Er kannte den Dieb,
denn er hatte mit ihrem Sohne auch ihn befreit. Was
hatte der Mensch ihm gesagt? Was wollte er, was
wollte er gerade jetzt von ihr? Er hatte Marie, die
Verlobte ihres Sohnes mitgebracht; er hatte ihr jene
Verehrung gezeigt. Aber was wollte er? Was konnte
er wollen?

Mein Herr, was wünschen Sie? preßte sie hervor,
und jedes Wort war in ihrem Innern ein lauter Angst=
und Schmerzensschrei.

Edmund Wasar behielt seine ehrerbietige Stellung.

Madame, sagte er, gestatten Sie mir, meiner Bitte
einige Bemerkungen vorauszuschicken.

Sie nickte schweigend mit dem Kopfe.

Ich hatte Ihren Sohn Robert aus der Haft befreit.

Ich weiß es, mein Herr.

Nicht, Madame, weil ich seine Handlung nicht ver=
dammte; aber weil ich ihn bedauerte.

Sie hatten Recht.

Und hauptsächlich, Madame, weil ich der Freund Ihrer Nichte, der braven, armen Marie bin.

Sie sind in dem Hause meines Schwagers bekannt, Herr Wasar.

Im Interesse des braven Mädchens bin ich hier, Madame. Ihr gilt meine Bitte, eine Bitte, die über ihr ganzes Lebensschicksal entscheidet.

Und welche Bitte ist es, mein Herr?

Madame, kann ich von Ihnen erfahren, wessen Kind Marie ist?

Die Frau konnte sich nicht mehr aufrecht halten. Sie schwankte. Die Frage war so plötzlich gekommen.

Edmund Wasar mußte sie unterstützen. Er ließ sie in einem alten Lehnstuhle nieder, der neben ihr stand.

Sie wagte nicht aufzublicken. Sie konnte nicht sprechen.

Sie hatte jenen großen, festen Entschluß fassen können: ein neues Verbrechen sollte nie und nimmer mehr verübt werden. Aber konnte, durfte sie sich dazu entschließen, alte Verbrechen einzugestehen? Einem wildfremden Menschen einzugestehen, mit dem sie in ihrem Leben die ersten Worte wechselte?

Und doch, wie konnte der Fremde mit jener Frage sich gerade an sie wenden, wenn er nicht schon etwas von dem wußte, was sie ihm einzugestehen hatte?

Madame, sagte Edmund Wasar mit milder Stimme, von Ihrer Antwort hängt das Schicksal eines vortreff=

lichen, eblen Mädchens ab, das Sie zudem mütterlich lie=
ben. Und Ihre Antwort muß eine bestimmte sein.

Die Frau hatte die Sprache wieder gewonnen.

Marie ist hier? sagte sie.

Marie ist hier.

Führen Sie mich zu ihr.

Sie wollen ihr meine Frage beantworten?

Ich will.

Nein, nein, Madame. Ich bedaure es tief. Ich
sehe klar in Ihr unglückliches Herz, und glauben Sie
mir, ich fühle mit Ihnen Ihr Unglück. Aber ich kann
von meiner Bitte nicht abgehen. Marie selbst darf nie
erfahren, was Sie mir zu antworten haben. Denn,
Madame — es wird vielleicht Ihren besseren Entschluß
erleichtern — ich habe Mariens Herkommen errathen;
ich bedarf nur der vollen Gewißheit, und diese kann ich
nur durch Sie erhalten.

Die Frau hatte ihr Gesicht verhüllt.

Sie wüßten —? sagte sie leise. Sie hatte nicht
den Muth eines einzigen Wortes weiter.

Madame, sagte Edmund Wasar. Ich werde Sie
nicht länger quälen. Antworten Sie mir einfach Ja
oder Nein auf die Frage, die ich Ihnen vorlegen werde.
Aber darum beschwöre ich Sie.

Fragen Sie, mein Herr.

Ist Marie das Kind eines Mannes, den Sie unter dem Namen John Watson kannten?

Mein Gott! schrie die Frau auf.

Sie ist es? Sie ist es? Ich beschwöre Sie um die Antwort.

Ja, sie ist es.

O, Madame — o, Madame! Welchen Dank ver= schulde ich Ihnen! Dann — beantworten Sie mir noch die Eine Frage: Sie, Sie selbst trugen in jener ent= setzlichen Nacht das Kind zu Ihrem Schwager?

Ich war es.

O, Gott, Madame —

Edmund Wasar konnte nicht weiter sprechen, jetzt er nicht. Er hatte die beiden Hände der unglücklichen Frau gefaßt. Er drückte heiße Küsse darauf. In seinen Augen standen Thränen.

Die Frau mußte mit ihm weinen.

Können wir Ihnen jemals dankbar genug sein? sagte er dann. Sie haben Marien sich selbst gerettet; was wäre sie in den Händen ihres Vaters geworden? Sie haben mir die Schwester gerettet!

Marie, Ihre Schwester? rief die Frau.

Meine so schmerzlich gesuchte Schwester.

Und John Watson Ihr Vater?

Ja, Madame! Und Sie sehen, wie Marie von Ihnen

nichts erfahren durfte, wie sie nie erfahren darf, wer ihr Vater ist.

Nie! rief die Frau schaudernd.

Aber dann hatte sie sich gefaßt. Sie hatte es nach dieser schweren Stunde des Lebens gekonnt.

Mein Herr, wollen Sie auch mir jetzt eine Frage beantworten?

Jede, Madame.

Kennen Sie Ihren Vater?

Ich habe ihn gestern zum ersten Male gesehen.

Und er kennt Sie?

Seit einer Stunde.

Und von ihm haben Sie jene Thatsachen, auf die Sie vorhin sich bezogen?

Nein, Madame.

Dürfen Sie mir sagen, von wem Sie sie haben?

Sie haben den Mann heute gesprochen, Madame. Sie haben sein Schweigen erkauft, und er wird schweigen. Er ist ein alter Dieb, wollen Sie mir einwenden. Aber ich kann Sie beruhigen. Er wird schweigen.

Und Ihr Vater? konnte sie weiter fragen.

Er wird seine Tochter sehen, eine Minute lang. Ich habe es ihm versprochen. Er darf ihr nicht sagen, daß er ihr Vater ist, und er muß in der Minute nachher von hier abreisen, um nie wieder den Boden dieses Landes zu betreten. Er hat es mir versprechen müssen.

O, mein Herr, welchen Dank verschulde ich Ihnen!

Madame, unterbrach Edmund Wasar sie, lassen Sie mich noch ein paar Worte hinzufügen. Ich kenne Ihre ganze Lage, auch das Unglück, das vor Ihnen steht.

Sie erbebte von neuem.

Haben Sie keine Furcht. Es wird von Ihnen abgewendet werden. Jener Mann reist in der nächsten Stunde fort, unter meinem Schutze. Er wird gegen jeden Angriff sicher sein.

Mein Herr —! Sie wissen auch das?

Und auch, was mir droht, ist mir bekannt. Und wer die Gefahr kennt, die ihm droht, kann nicht mehr von ihr betroffen werden. So fürchten Sie denn auch nicht für mich. Und auch nicht für einen Dritten, Madame, der — nein, ich will hier ja nicht den Ankläger machen — der noch unglücklicher ist als Sie. Sehen Sie mich als Ihren Sohn an, Madame. Der Sohn, der seine Mutter liebt, kann schon darum seinen Vater nicht vernichten.

Die Frau hatte noch einmal ihre Klarheit wieder gewonnen.

Edler, edler Mann! sagte sie.

Sie nahm seine beiden Hände, wie er vorhin die ihrigen genommen hatte. Sie preßte ihre heißen Lippen darauf. Aber Thränen fielen nicht auf sie. Ein erhabenes und erhebendes Glück, ein starkes und den

Geist stärkendes Glück erfüllte ihre Brust. Thränen drängt nur das weiche, in das Herz bringende Glück aus den Augen des Menschen hervor.

Sie hatte sich erhoben. Sie stand wieder hoch aufrecht, in ihrem vollen, klaren Bewußtsein.

Sie hatten in den geheimsten Tiefen meines Herzens gelesen, sagte sie. So werden Sie auch jetzt meinen Dank darin lesen. Wie könnte ich da noch Worte für ihn haben? Gehen wir zu Ihrer Schwester. Auch mich drängt es, sie zu umarmen.

Und, Madame, noch eine letzte Bitte, umarmen Sie die von Ihnen Gerettete als Ihre Tochter.

Habe ich sie nicht immer mütterlich geliebt?

Als Ihres Roberts Verlobte denn.

Die Frau schüttelte schmerzlich den Kopf.

Wie glücklich würde das uns Alle machen! Aber Robert ist wieder in Haft.

Er wird befreit werden, diesmal durch seinen Vater.

Die Frau wagte keine Einwendung.

Aber etwas Anderes mußte und konnte sie doch sagen:

Robert ist arm. Wir sind Bettler.

Ich weiß es ja. Aber Marie ist eine Millionairin. Morgen früh wird Robert frei. Er muß es werden. Morgen Mittag wird er mit Marie getraut, durch meinen ehrenwerthen Freund, Master Cokburn. Morgen

Abend fährt das junge Paar auf meinem Schiffe nach Amerika. Und jetzt, Madame — Marie weiß nicht, daß ich ihr Bruder bin. Ich muß es ihr sagen. Wie wird es mich beglücken! Und auch sie! Ich weiß es. Und, Madame, Sie müssen Zeuge unseres Glückes sein, Sie, die neue Mutter der Armen, die nie ihre Mutter gekannt hat. Darf ich Sie bitten, mich zu ihr zu begleiten? Sie ist in Ihrem Zimmer.

Edmund Wasar war schon glücklich.

Er nahm den Arm der Frau. Er führte sie zu ihrem Zimmer.

Marie saß harrend da. Worauf sie harren solle, wußte sie selbst nicht.

Sie wollte der Tante in den Arm fallen.

Edmund Wasar trat zwischen Beide.

Zu mir, zu mir, Marie! Du bist meine Schwester! Hatte sie recht gehört?

Sie sah ihre Tante darauf an.

Ja, Marie, er ist Dein edler Bruder.

Da mußte sie doch in seine Arme fallen, an seine Brust, an sein Herz. Die Schwester an das Herz des Bruders.

Und hier, sagte Edmund Wasar, indem er sie dann in die Arme der Frau führte, ist Deine Mutter, der Du Alles, Alles verdankst, was Du bist, und von deren edlem Herzen ich Dir nicht genug werde erzählen können.

Die Frau schloß das Mädchen in ihre Arme und das Mädchen umfing sie.

Sprechen konnten sie Beide nicht.

Edmund Wasar hätte es gekonnt. Er gehörte zu den kräftigeren Naturen, die im Glück ihre Rührung von sich abwerfen müssen und können.

Aber da trat der alte Diener Annus in das Zimmer, und sein Gesicht verkündete einen tiefen Schreck.

Um Gotteswillen, Annus? rief seine Herrin.

Er wandte sich nicht an sie. Es war, als wenn er sie nicht ansehen dürfe.

Herr, sagte er zu Edmund Wasar, draußen ist ein Fremder, der Dich zu sprechen wünscht.

Hat er seinen Namen genannt?

Der Diener wagte auch nicht den Namen auszusprechen. Er mußte seine Herrin ansehen, jetzt. Sie stand ruhig da. Da konnte er es noch weniger.

Er nannte sich John Watson? fragte Edmund Wasar.

Ja, sagte kaum hörbar der alte Diener.

Sie erlauben, Madame, daß er hier eintritt? bat Wasar. Er bringt Grüße an meine Schwester von unserer verstorbenen Mutter.

Empfangen Sie ihn hier. Ich werde nachher wieder da sein.

Die Frau entfernte sich in ein Nebenzimmer.

Annus ging, den Angemeldeten herbeizuholen.

Unsere brave Mutter, Marie, sagte Edmund Wasar zu seiner Schwester, ist früh gestorben. Du zähltest erst wenige Wochen. Das brachte Dich hierher. Ich erzähle Dir später Alles. Der Mann, der Dir Grüße von ihr bringen will, kannte sie. Nimm ihn freundlich auf. Stoße Dich nicht an sein Aeußeres, das Dir unangenehm erscheinen könnte.

John Watson trat ein.

Er trat zu seinen beiden Kindern ein, die er nach zwanzig Jahren wieder gefunden hatte. Das eine war zum Manne geworden, das andere zur blühenden Jungfrau. Wie schön waren sie Beide! Wie leuchtete ein klarer Geist, ein edles Herz aus ihnen Beiden hervor! Die Tochter sah er zum ersten Male.

Er war in seiner ganzen widerwärtigen Häßlichkeit eingetreten. Aber nein. Man sah diese Häßlichkeit nicht; man sah die schwarzen Blatternarben, das breite, rothe Feuermal, und man sah vielleicht auch sie nicht, man sah nur das Auge, das mit der vollen Sehnsucht und Liebe des Vaterherzens die beiden Kinder umfing, man sah nur das Glück des Wiedersehens, das, gleich einem Rosenscheine, sich über das ganze Gesicht, über das ganze Wesen des Mannes gelagert hatte.

Ist der Mann der gemeine Verbrecher? mußte Edmund Wasar sich fragen, und er fühlte, wie er sich das fragte, einen tiefen, schmerzenden Schnitt durch sein

Herz. Und ist er nicht mein Vater, ihr Vater? Sind wir nicht seine Kinder? Und konnte ich jenen Verbrechern verzeihen, die mir fremd sind, die ihn morden wollten, nach ihrem Willen gemordet hatten, wie soll da der Sohn dem Vater nicht verzeihen können? Jene will ich dem Glücke wiedergeben, und ihn in das Unglück zurück= stoßen, in das tiefste Unglück, nachdem er soeben das höchste Glück, das einzige Glück seines Lebens gefun= den hat?

Aber nein! rief es dann in ihm. Sie ist so rein, so edel. Ihr Vater muß ihr ein Ideal bleiben. Soll sie unglücklich durch ihn werden, und dann er wieder von neuem mit ihr? Und die Strafe ist von dem Ver= brechen unzertrennlich; das ist einmal die hohe, unab= wendbare Weltordnung.

Und doch, und doch! Steht es doch in jenem Buche der erhabensten, heiligsten Weisheit: Verdammet nicht, so werdet Ihr nicht verdammet werden. Und ein Kind sollte seinen eigenen Vater verdammen?

Aber nein! —

Und über das Nein, konnte er nicht hinaus, wenn er in das reine, unbefangene Gesicht der Schwester sah.

Meine Schwester, Master Watson! sagte er zu sei= nem Vater. Sie wollten ihr die letzten Grüße ihrer armen Mutter bringen, die ihr Kind nur sehen sollte, um zu sterben.

Der Engländer war bewegt; der Verbrecher war tief ergriffen.

Ja, Sir, mußte er nach Worten zu seiner Tochter ringen.

Sie haben meine Mutter gekannt, mein Herr? fragte ihn Marie.

Sie konnte den Anblick des häßlichen Mannes ertragen, vor dessen plötzlicher Erscheinung sie am Abend vorher entsetzt zurückgeflogen war. Sie hatte freundlich die Frage an ihn richten können. Der Mann kam ja von ihrer Mutter, er brachte ihr Grüße von ihr.

Ich habe sie gekannt, Miß, antwortete John Watson.

Sie standen ihr nahe? Sie waren an ihrem Sterbelager?

Ich war an ihrem Todesbette, als sie sich von ihrem Gatten, von ihrem kaum geborenen Kinde für immer trennen mußte. O, sagte sie zu mir, und es waren ihre letzten Worte, lehren Sie meine Kinder nie ihre Mutter vergessen. Lassen Sie sie für mich beten. Ich werde für sie beten, daß sie glücklich werden mögen, glücklicher als ihre arme Mutter. Nein, nein, das Letztere sagte sie nicht. Ihr Mann stand ja dabei, und sie war eine so brave Frau. Aber sie hätte es sagen können.

Sie war unglücklich gewesen, meine arme Mutter?

Sehr, sehr. Aber das wird Ihr Bruder Ihnen erzählen.

Und mein Vater —? Haben Sie auch meinen Vater gekannt?

Ja, ja, Miß. Aber auch von ihm wird Ihr Bruder Ihnen erzählen.

Auch er lebt nicht mehr? Auch er war unglücklich?

Er lebt — er lebt nicht mehr, und — o, Miß, er war weit, weit unglücklicher, als Ihre brave Mutter.

Master Watson, sagte Edmund Wasar, Sie sehen, Ihre Mittheilungen greifen meine Schwester an. Sie ist ohnehin aufgeregt; sie hat auch mich, den Bruder, erst heute, vor wenigen Minuten, wiedergefunden.

Entschuldigen Sie, Sir, sagte der Engländer.

Der verhärtete Verbrecher war innerlich gebrochen.

Miß, sagte er zu seiner Tochter, darf ich Sie bitten, mir Ihre Hand zu reichen? Ich durfte meine Lippen darauf drücken, als ich Sie in Ihren Windeln auf meinem Arme trug.

Sie reichte ihm die Hand.

Mein Herr, empfangen Sie meinen besten Dank für Ihre Mittheilungen.

Er mußte doch wieder seine Lippen darauf drücken, wie er es zu jener Zeit gethan hatte, da er sie auf seinem Arme trug.

Er hielt dann auch seinem Sohne die Hand hin, aber schweigend; eine gleiche Bitte an ihn, wie an seine Tochter, wagte er nicht.

Edmund Wasar legte seine Hand in die seines Vaters.

Ich begleite Sie, Sir, sagte er.

Wohl selten hat ein Vater seinem Sohne einen dankbareren Blick zugeworfen.

Darf ich bitten, Sir, fuhr Wasar fort, unten in meinem Schlitten einen Augenblick auf mich zu warten? Ich habe noch ein paar Worte mit meiner Schwester zu sprechen.

John Watson ging.

Die Frau Morlot trat wieder ein.

Edmund Wasar wandte sich an sie.

Madame, darf ich meine Schwester hier bei Ihnen zurücklassen?

Wen sähe ich lieber hier als Marie? sagte die Frau.

In einer Stunde werde ich sie wieder abholen. Jetzt muß ich den Engländer zum Wasser begleiten.

Und wohin?

Am Schapenwalle liegt das Boot, das ihn zu seinem Schiffe abholen soll!

Am Schapenwalle? rief sie doch erschreckt.

Gerade dort, Madame.

Sie beruhigte sich.

Er verabschiedete sich von ihr und seiner Schwester.

10.

Eine Verlobung.

Edmund Wasar trat aus dem Innern des Schlosses zu seinem Schlitten hinaus, der draußen vor dem Portale hielt.

Neben dem Schlitten stand der Engländer, John Watson.

Sie haben Ihre Vorbereitungen zu Ihrer Abreise getroffen, Sir? fragte ihn Edmund Wasar.

Mein Schiff geht in der heutigen Nacht mit mir ab, antwortete der Engländer.

Ihr Boot wird Sie am Schapenwalle abholen?

Ja, Sir, ich hoffe Sie noch einmal da zu sehen.

In der Brust des Engländers, des alten Hauptes einer Londoner Diebesbande, des Deportirten von Botanybai, der unter dem Auswurf der Menschheit sich Millionen hatte verdienen können, waren seit wenigen Stunden Gefühle wach geworden, von denen er bisher

in seinem ganzen langen und vielbewegten Leben keine
Ahnung gehabt hatte. Die Liebe des Vaters zu seinem
Sohne und zugleich eine Scheu vor diesem Sohne, der
so hoch über ihm stand, sprachen sich auch in jenen
Worten aus.

Edmund Wasar fühlte sich davon ergriffen. Aber
er durfte seine Bewegung nicht zeigen. Er war Sohn,
aber er war auch der Mann von Ehre, der das Verbrechen verabscheute, den Verbrecher verachtete, mit dem
verachteten Verbrecher keine Gemeinschaft haben konnte.
Wie konnte er da gar die Schwester, die er so innig
liebte, die er verehrte, in Gemeinschaft mit ihm bringen
können?

Ich begleite Sie zu Ihrem Boote, Sir, sagte er.
Haben Sie die Güte einzusteigen.

Sie stiegen Beide in den Schlitten.

Zum Schapenwalle, Georg, befahl Wasar seinem
Kutscher.

Der Kutscher schien zu stutzen.

Sir, dahin ist vor zehn Minuten auch der Herr
Morlot gefahren.

Welcher Herr Morlot?

Aus Memel; der Besitzer dieses Schlosses.

Woher weißt Du es?

Ich hielt hier, an dieser nämlichen Stelle. Da hörte
ich hinten aus einer Seitenremise einen Schlitten

herauskommen. Ich dachte, einer von den Gästen wolle
schon wieder fort. Es war allerdings sehr früh. Aber
der Schlitten kam nicht hierher zum Portal, er fuhr
langsam nach links dort, zwischen die dichten Fichten.
Er wollte offenbar nicht gehört und nicht gesehen wer=
den. Das fiel mir auf; ich wurde neugierig. Aus einer
anderen Remise kam zufällig ein Stallknecht. Halte
auf fünf Minuten meine Pferde, sagte ich ihm. Ich
gab ihm die Zügel und schlich dem Schlitten nach. Er
hielt ruhig zwischen den Bäumen. Auf dem Bocke saß,
in seinen Pelz gewickelt, ein alter Mann. Er wartete
auf Jemanden. Nach einer Minute kam der Herr
Morlot. Nicht von hier her. Aus den zerbrochenen
Mauern des Schlosses, in deren Nähe der Schlitten
hielt, war er auf einmal hervorgekommen. Er stieg in
den Schlitten. Du weißt, zum Schapenwall, sagte er
zu dem Kutscher. Ich weiß, Herr, war die Antwort.
Der Schlitten fuhr davon. Zuerst langsam, damit man
ihn nicht hören solle; nach einer Weile hörte ich die
Pferde galoppiren. Daß Alles so heimlich geschah, fiel
mir auf. Da auch Sie zum Schapenwalle wollen, Sir,
mußte ich es Ihnen erzählen.

Den jungen Amerikaner schien die Erzählung kaum
interessirt zu haben.

Gut, George, sagte er nur, fahre Du auch im Galopp.

George fuhr im Galopp.

Der Engländer hatte der Erzählung mehr Beach=
tung gewidmet.

Sie fürchten den Mann nicht, Sir?

Den Herrn Morlot, Sir? Nein, den fürchte ich nicht.
Und doch für Sie hätte ich ihn fürchten können. Darum
eben begleite ich Sie.

Sie glauben, er habe etwas gegen mich vor?

Er hatte es schon einmal, und — Sie leben noch.
Aber fragen Sie mich nicht weiter. Ich bringe Sie
sicher zu Ihrem Schiffe.

Wasars Pferde waren jene beiden Goldfüchse, zwei
edle Thiere, die man nicht schöner und nicht kräftiger
sehen konnte. Sie flogen über den Schnee. Nach kaum
zwanzig Minuten hatte der Schlitten den Schapenwall
erreicht.

Fahre dicht an das Haus, befahl Wasar dem Kutscher.

Der Schlitten hielt an der Thür des Brinkmann'schen
Hauses.

Das Haus lag still da, wie immer. Nur in dem
Stübchen der beiden Schwestern brannte ein Licht.

Edmund Wasar verließ den Schlitten.

Bleiben Sie hier, sagte er zu dem Engländer.

Hast Du nichts gesehen, fragte er dann den Kutscher?

Gar nichts, Sir.

Auch nicht den Schlitten des Herrn Morlot?

Auch ihn nicht.

Achte auf Alles, was Du sehen und hören wirst.

Ich werde, Sir.

Wasar blickte rasch umher. Er sah und hörte ebenfalls nichts.

Er stand einen Augenblick im Begriff, seine Schritte nach dem Wasser hinzulenken. Dort mußte das Boot John Watsons liegen.

Ich könnte mich verrathen, sagte er.

Er trat an die Hausthür.

Sie war verschlossen.

Er ging nebenan an das helle Fenster. Er klopfte leise an die Scheiben.

Anna! rief er eben so leise.

Zehn Sekunden nachher wurde die Hausthür von innen geöffnet.

Anna erschien in der Thür.

Sie kommen schon zurück, Herr Wasar?

Bist Du allein, Anna?

Hier allein; meine Schwester —.

Gut. Anna, ich habe eine Herzensfrage an Dich. Antworte mir darauf aus Deinem Herzen. Willst Du meine Frau werden?

Mein Gott — Herr Wasar —

Antworte mir, mein Kind. Ich liebe Dich über Alles. Nur Dich allein. Kannst Du mich wieder lieben?

O, mein Gott —

Sie konnte nicht weiter sprechen. Ihre Lippen, ihr ganzer Körper bebte. Sie konnte ihm nur ihre Hand hinreichen.

Das soll Dein Ja sein? Anna?

Sie konnte sprechen.

Ich armes Mädchen — rief sie.

Anna, Du bist der größte, der edelste, der reichste Schatz auf Erden.

Er schlug seine Arme um sie.

Sie legte ihr zitterndes Herz an das seine.

So sind wir Verlobte, sagte er.

Ich gehöre ewig Ihnen.

Sage: Dir!

Dir! hauchten ihre Lippen verschämt an seinem Munde, der sie gesucht hatte.

Ha, sagte er dann, und er mußte beinahe lachen, das war eine sonderbare Verlobung, hier, in der Haus=thür, in dem Schnee, aber auch unter jenen ewigen, er=habenen Sternen!

Sie weinte. Ihr weiches Herz konnte der Thränen nicht entbehren, um auch das Glück tragen zu können.

Er war wieder ruhig geworden.

Deine Schwester ist im Stübchen? fragte er.

Sie ist da.

Und Dein Vater?

Er muß am Walle sein.

Hat er das Haus schon lange verlassen?

Seit einer halben Stunde.

Schien er etwas vorzuhaben?

Ich glaube es. Ich wagte nicht, ihm zu folgen. Aber, wenn er ruhig ist, geht er um diese Zeit nicht mehr zum Wasser. Und, er konnte auch erst wenige Minuten fort sein, als wir glaubten, einen Schlitten herankommen zu hören.

Ah!

Der Schlitten fuhr aber nicht bis zum Hause, und ich hörte auch nichts weiter, und sah nichts. Ich mußte dennoch an den alten Herrn Morlot denken, und ich fürchtete wieder für — für —

Für mich? Für Deinen Edmund?

Für Dich, mein Edmund.

Du hast aber Muth, Anna, trotz Deiner Furcht?

Wenn es sein muß.

Für mich!

Ich gehe in den Tod für Dich.

Wir wollen in das schönste Leben der Liebe eingehen.

Aber jetzt — willst Du mich zum Schapenwalle begleiten?

Ja.

Und Muth behalten, es möge vorfallen, was will?

An Deiner Seite immer.

So komm!

Master Watson, steigen Sie aus.

John Watson verließ den Schlitten.

Edmund Wasar besann sich einen Augenblick.

Sir, sagte er dann. Es dürfte Sie vielleicht interessiren. Ich habe die Ehre, Ihnen hier meine Braut
vorzustellen.

O, Sir — o, Miß —

Wasar entriß ihn seiner Ueberraschung und Verwirrung.

Darf ich bitten, mir zu folgen, Sir? Aber gehen
wir schweigend.

Er nahm den Arm Annas. Er ging mit ihr dem
Walle zu.

John Watson folgte ihnen.

Sie erreichten den Fuß des Walles, dort, wo man
zu diesem hinaufstieg. Es war zwanzig Schritte vom
Wasser.

Ein schmaler, gekrümmter Fußpfad führte dort links
in die Höhe, den langen, ziemlich hohen Wall hinan.
Der Wall zog sich unmittelbar am Wasser der Ostsee
eine weite Strecke in die Länge. Rechts, ihm gegenüber, lagen eine Reihe kleinerer, niedriger Hügel,
gleichfalls am Wasser entlang. In der Mitte, zwischen
dem Walle und den Hügeln, war ein offener Raum.

Vor ihm, schon fast in ihm, stand Edmund Wasar,
an seiner Seite Anna, hinter ihnen John Watson.

Edmund Wasar kannte hier Alles, jede Erhöhung, jede Vertiefung, jeden Stein, jede Muschel am Boden. In diesem offenen Raume hatte so oft ihn sein Boot an's Land gesetzt, vom Lande ihn wieder aufgenommen.

Heute mußte das Boot des Engländers da liegen, um diesen zu seinem Schiffe zurückzuführen.

Edmund Wasar war stehen geblieben.

Das Boot lag da. Man sah es in der Dunkelheit, die auch jetzt keine tiefe war.

Sir, sagte Edmund Wasar zu John Watson, darf ich Sie bitten, hier stehen zu bleiben? — Komm, Anna.

Er wollte mit ihr weiter gehen, zu dem Boote hin. Auf einmal besann er sich.

Bleib' Du auch hier, Anna. Ich gehe allein.

Er ging allein weiter.

Anna und der Engländer blieben zurück.

Er ging in den Raum, in die Schlucht, zwischen dem Wasser und den Hügeln. Er kam dem Boote, das da lag, auf zehn Schritte nahe. Zwei Matrosen lagen darin. Sie hatten sich gegen die Kälte in Decken ge= hüllt. Wasar ging nicht näher zu ihnen. Er sah sich an dem Walle links, nach den Hügeln rechts um. Er stand mitten zwischen beiden. Der Wall hatte Ein= schnitte, in denen sich Jemand verbergen konnte. Hinter und zwischen den Hügeln waren noch versteckte Schlupf= winkel. Er sah weder rechts noch links etwas. Aber

eine Bewegung vernahm er auf einmal. Hinter einem
der nächsten Hügel rauschte der Schnee. In demselben
Momente erhob sich dort eine Gestalt.

In demselben Momente stand aber auch Edmund
Wasar hinter dem Hügel, neben der Gestalt. Wie ein
Blitz war er hingeflogen.

Er stand neben dem alten Brinkmann, der in sei=
nem Versteck sich noch nicht ganz hatte erheben können.
Der Wahnsinnige hielt sein Gewehr in der Hand.

Edmund Wasar nahm seinen Arm, ruhig, fast sanft,
aber fest.

Brinkmann, Eure Anna steht dort am Walle. Wir
Beide haben Euch zu sprechen. Kommt mit.

Er zog den Mann aus dem Verstecke hervor.

Der Wahnsinnige ließ sich ohne Wiederstand ziehen.

Anna! rief Wasar.

Sie kam ihnen entgegen.

Sie trafen alle Drei zusammen.

Vater Brinkmann, Anna und ich wollten um Euren
Segen bitten. Wir haben uns heute verlobt.

Ja, Vater, segne Dein Kind.

Der Wahnsinnige war in jenem apathischen Zustande
eines großen Theils solcher Unglücklichen, in welchem
sie, ohne eigenes Bewußtsein und ohne eigenen Willen,
jedem fremden Willen folgen und sich unterwerfen. Sie
haben dann nur gerade so viel Einsicht, um den frem=

den Willen vernehmen zu können, und wie mechanisch
das zu thun, was von ihnen verlangt wird.

So, so? sagte er gedehnt, Du bist verlobt?

Er schüttelte den Kopf. Das Neue, Unerwartete
hatte er wohl kaum halb begriffen.

Anna kannte ihn.

Komm mit in's Haus, Vater. Wir werden Dir
dort Alles sagen.

Ja, ja.

Er wollte schon zum Hause gehen.

Edmund Wasar nahm wieder seinen Arm.

Vorher müssen wir zu dem Boote da. Der Fremde
will fort.

Der Alte stutzte doch auf einmal. Der andere Wille,
der ihn bis zu dem letzten Augenblicke beherrschte, stand
wieder vor ihm.

Zu dem Boote? Ah, der Fremde!

Er muß fort, wiederholte Wasar.

Kommen Sie, Sir, rief er dann dem Engländer zu.

He, Ihr Burschen, seid Ihr fertig? rief er zu dem
Boote hinüber.

Fertig, Sir! war die Antwort.

Fort!

Sie gingen zu dem Boote.

Es war fertig.

Der Engländer wollte hineinspringen.

Er sah noch einmal seinen Sohn an. Er sollte ihn nie wiedersehen.

Sir, sagte Edmund Wasar, haben Sie Ihre Karte bei sich?

Ja, Sir.

Mit Ihrer Adresse in London?

Ja.

Geben Sie sie mir.

Der Engländer gab ihm eine Karte. Er drückte sie in die Hand des jungen Amerikaners. Er drückte die Hand dabei.

Leben Sie wohl, Sir! sagte Edmund Wasar. Vielleicht sehen wir uns wieder.

Das Boot ruderte mit dem Engländer in die See Nach wenigen Minuten sah man es nicht mehr.

Und nun zu Hause, Vater Brinkmann.

Aber dem Wahnsinnigen war noch einmal etwas eingefallen.

Gleich, gleich! rief er.

Er blickte ängstlich nach einem der Einschnitte in dem Walle. Er wollte hin.

Edmund Wasar hielt ihn zurück.

Nachher, Vater Brinkmann. Erst müssen wir Verlobung feiern. Was da in dem Walle sitzt, kann so lange warten.

Meinen Sie? fragte der Wahnsinnige.

Gewiß meine ich so.

Dann gehen wir.

Sie gingen alle Drei in das Haus.

————

11.

Die Mutter der Gracchen.

———

In einem der glänzenden Säle des Schloſſes auf
dem Schwarzorter Berge hatte aus der großen, lauten
Geſellſchaft ſich eine kleinere zuſammengefunden, um an
einem runden Tiſche gemüthlich die Champagnergläſer
zu leeren und ſich zu unterhalten.

Ein paar reiche Handelsherren aus Memel ſaßen da;
ein paar Rittergutsbeſitzer aus der Gegend von Memel
— gleichfalls bürgerliche: in den Kreiſen Tilſit und
Memel ſind die abligen Güter, bis auf ſehr wenige,
längſt nicht mehr im Beſitze des Adels, der reiche Bür=
gerſtand hat ſie erworben —; der Landrath von Memel,
der Herr Charles Morlot; einige Frauen der Herren;
auch die Gattin des Herrn Charles Morlot war da.
Andere Herren gingen ab und zu. Auch Damen, ältere
wie jüngere, nahten ſich zuweilen, um dem, was ge=

sprochen wurde, eine Zeitlang zuzuhören, oder mit Einem oder Anderem ein paar Worte zu wechseln.

Von den Kindern des Herrn Charles Morlot war Niemand da. Auch der Graf Wildberg fehlte. Sie tanzten wohl in dem Tanzsaale nebenan, aus dem die Tanzmusik herüber schallte.

Auf einen Augenblick kam Fräulein Melanie heraus. Sie war munter und schön und reizend, wie immer. Sie stellte sich hinter den Stuhl, sie beugte sich zu dem Ohre der Mutter.

Mutterchen —

Mutterchen, nicht Mütterchen, sagen die Ostpreußen und Litthauer.

Mutterchen, hast Du die Tante Morlot nicht ge= sehen?

Nein, Melanie.

Auch der Onkel ist nicht da. Sie fehlen Beide schon lange. Es fällt den Leuten auf.

Der Onkel, liebe Melanie, genirt sich nie. Man ist das an ihm gewohnt. Und die Tante mag genug zu thun haben. Bei einer so großen Gesellschaft und auf dem Lande kann es vorkommen.

Hier könnte etwas Anderes vorkommen, Mutterchen.

Und was?

Ich weiß es nicht, aber —

Aber sieh', Melanie. Da kommt die Tante, und sie strahlt in Heiterkeit.

In der That! Und ich begreife es nicht.

Fräulein Melanie war eine feine und scharfe Beobachterin, wir wissen es. Sie schüttelte den Kopf. Sie wollte in den Tanzsaal zurückkehren. Viel Herz hatte sie nicht. Wir wissen auch das.

Sie wurde aufgehalten.

Der Bataillonscommandeur nahte sich ihr, der feine, hübsche Mann, zum Feldherrn geboren und zugleich das reizendste Kammerjunkergesicht, das jemals einem Hoffräulein fade Artigkeiten gesagt hatte. So hatte Fräulein Melanie selbst ihn dem Grafen Wildberg beschrieben. Er nahte sich dem Fräulein. Ihrer Schönheit huldigte Jeder.

Mein Fräulein, ich habe Ihren unvergleichlichen Tanz bewundert.

Sie sahen mich tanzen, Herr Major?

Mit Ihrem Herrn Bruder. Aber auch er ist ein ausgezeichneter Tänzer.

Eine der Damen am Tische hatte die Worte gehört.

Der Major sprach eben nicht leise; er wollte wohl weiter gehört werden, und den Worten eines Majors lauscht die Gesellschaft in der kleinen Provinz ehrerbietig. Wenigstens war es in jener guten, alten Zeit noch so.

Ja, Herr Oberstwachtmeister, sagte die Dame, die

Herren Offiziere — ja, das ist gleich ein anderes Tan=
zen — und besonders die Herren von der Garde.

Unsere Garde steht überhaupt hoch, meine Gnädige, sagte
der Major. Und, wenn wir vielleicht die russische aus=
nehmen, ist sie die erste und schönste der Welt. Nur
vielleicht, sagte ich in Beziehung auf die russische, denn —

In dem Tanzsaale forderte die Musik zu einem
neuen Tanze auf.

Ah, rief Fräulein Melanie, ich habe den Tanz ver=
sprochen; man wird mich vermissen.

Der Major bot ihr seinen Arm und führte sie in
den Saal zurück.

Er war ein galanter Mann, und da ließ er selbst
die Garde im Stich, freilich nur die russische.

Der Herr Charles Morlot nahm das Wort. Auch
er hatte gehört, was gesprochen war. Er mußte sich
der Garde wieder annehmen. Sein Sohn gehörte dazu.

Ja, die Garde, meine Herren — hob er an.

Er wurde unterbrochen.

Die Dame, die vorhin gemeint hatte: ja, die Herren
Offiziere, das sei gleich ein anderes Tanzen — fiel ihm
in die Rede.

O, Herr Morlot, wenn von der Garde die Rede ist,
dürfen auch die Damen dabei sein.

Ich finde Ihre Bemerkung im Ganzen richtig, Ma=
dame Gleuneke, sagte der Herr Morlot. Also die Garde,

meine Herren und Damen, wie sie in allen Armeen
den ersten Rang einnimmt —

Er wurde wieder unterbrochen.

Ja, ja, die besten Tänzer sind sie, sagte die Madame
Gleuneke. Auch Ihr Herr Sohn, Herr Morlot, wie
schon der Herr Major von Seps sagte.

Sie sind sehr gütig, Madame Gleuneke. Wie also
in allen Armeen die Garde —

Er sollte zum Ende seines Satzes gar nicht mehr
kommen können, der Herr Charles Morlot.

Aber, Herr Morlot, sagte wieder Madame Gleuneke,
da wir einmal von Ihrem Herrn Sohn reden, ich habe
da von einem Abenteuer gehört, das er vor Kurzem mit
einem französischen Offizier gehabt hat. Darüber müssen
Sie mir nothwendig das Nähere mittheilen. Ich
liebe vor Allem die tapferen Herren Offiziere.

Sie sind sehr gütig, Madame Gleuneke. Indeß er=
zählt man nicht gern von seinen eigenen Kindern —

O, nichts da, Herr Morlot. Keine übertriebene Be=
scheidenheit. Die paßt nicht in unser Zeitalter.

Ich habe auch von der Geschichte gehört, Herr Mor=
lot, sagte eine andere Dame, und Sie müssen sie uns
wahrhaftig erzählen.

Wenn Sie denn durchaus befehlen, meine Damen.

Wir bitten, Herr Morlot, wir bitten.

Der Herr Morlot ließ sich auch durch Bitten bewegen.

Die Geschichte, meine Damen, ist zum Glück eine
sehr kurze, sagte er bescheiden. Ich werde Sie daher
nicht lange langweilen müssen. Vor wenigen Wochen
sitzt mein Sohn in einer Conditorei der Residenz, um
eine Tasse Kaffee zu trinken. Einige Zeit nach ihm
tritt ein Fremder ein. Mein Sohn kennt ihn nicht,
und nimmt keine Notiz von ihm. Der Fremde sieht
aber meinen Sohn an, erkennt dessen Gardeuniform
und wendet sich nun sofort an die Schänkerin des La=
dens. Er spricht mit dieser Französisch, und erzählt ihr,
daß er Franzose sei, und daß sein Vater französischer
Gardeoffizier gewesen sei, oder daß er selbst es gewesen
sei, ich weiß es in der That nicht mehr so genau.

O, Herr Morlot, unterbrach ihn wieder die Madame
Gleunecke, wir können gleich das Richtige erfahren. Da
geht Ihr Herr Sohn. — Herr Lieutenant Morlot, Herr
Lieutenant Morlot, bitte, auf ein Wort!

Herr Arthur Morlot kam auf den Ruf näher.

Was befehlen Sie, meine Gnädige?

Ihr Herr Vater erzählt uns da eine reizende Ge=
schichte von Ihnen. Aber war denn denn der Franzose
selbst Gardeoffizier gewesen, oder war sein Vater es ge=
wesen? Ihr Herr Vater hat es vergessen.

Der Herr Arthur Morlot erschrak vom Scheitel bis
zur Sohle.

Von welchem Franzosen sprechen Sie, meine gnä=
dige Frau?

Nun, mein Gott, von dem, mit dem Sie die Ge=
schichte in der Conditorei hatten.

Ich weiß wirklich nicht —

Herr Arthur Morlot konnte kaum die paar Worte
sprechen. Seine Augen hatten ängstlich im Saale umher=
gesucht, und sie sahen das Entsetzlichste, das sie in diesem
Moment hätten sehen können.

Der Herr Alphons de Lambert nahete sich.

Und der Franzose sah das blasse Gesicht des Lieute=
nants und das doppelte Entsetzen, als er von diesem
gewahrt wurde.

Herr Arthur Morlot konnte kein Wort weiter sprechen.

Seine Mutter kam ihm zu Hülfe; freilich nur bei
der Madame Gleuneke.

Sie sehen, liebe Gleuneke, wie Ihre Frage Arthur
verwirrt. Er ist wirklich gar zu bescheiden.

Die gute Frau glaubte es.

Der liebe Mensch! Und er tanzt so allerliebst, sagte
die Madame Gleuneke. Aber es kommt ja am Ende
nicht darauf an, was der Franzose war. Bitte, fahren
Sie fort, Herr Morlot.

Herr Charles Morlot fuhr fort — vor zwei neuen
Zuhörern.

Die Frau Morlot hatte ihren Sohn nur vor der

Madame Gleuneke retten können, nicht vor dem Herrn
Alphons de Lambert.

Der Franzose war auf den Herrn Arthur Morlot
zugetreten.

Mein Herr, Sie wurden verlegen, als Sie mich
sahen. Wovon war die Rede?

Ich weiß es in der That nicht, mein Herr —

Wovon die Rede war? Wir werden es erfahren.
Wir Beide, mein Herr. Haben Sie die Güte, hier in
meiner Gesellschaft zu bleiben.

Sie wollen mich zwingen, mein Herr?

Sie wissen, wie ich es kann. Indeß, wenn Sie
es nicht wollen, gleichviel. Ich allein brauche ja nur
zu wissen, wovon gesprochen wurde, und wie ich sehe,
gesprochen wird. Ich verstehe von Ihrer Sprache dazu
genug.

Er ging näher an den Tisch. Er stellte sich hinter
den erzählenden Herrn Charles Morlot.

Herr Arthur Morlot — er hatte seine Freiheit zu
gehen — aber er stand wie festgebannt.

Der Franzose, fuhr Herr Charles Morlot fort, erzählte also der Schänkerin, entweder von seinem Vater
oder von sich; es bleibt sich ja gleich. Er kam dabei
auf die französische Garde überhaupt; er erhob sie in
den Himmel. Mein Sohn konnte sich das gefallen
lassen. Die Napoleonische Garde ist nun einmal die

Nationaleitelkeit der modernen Franzosen, und — sie
haben so wenig jetzt, da kann man ihnen ihre Eitelkeit
lassen. Für uns Andere ist die Phrase: die alte Garde
stirbt, aber sie ergiebt sich nicht, nachgerade nur lächer=
lich geworden. Auch als er darauf die gewöhnliche Prah=
lerei der Engländer wiederholte, die Engländer allein
hätten die Schlacht bei Bellealliance gewonnen, nur den
Engländern sei damals die Garde erlegen, konnte mein
Sohn noch schweigen. Diese Prahlerei ist oft und
gründlich genug zurückgewiesen worden. Als der Fran=
zose dann aber speziell auf unsere Garde kam, gar gerade
auf unsere gegenwärtige Garde, und meinte, sie möge
vortrefflich für die Amüsements des Hofes und in die
Salons passen, die jüngeren Offiziere möchten ausge=
zeichnete Tänzer sein —

Ja, ja, das sind sie, rief die Madame Gleuneke,
man erkennt sofort den Gardeoffizier!

Wenn sie aber, fuhr der Herr Charles Morlot fort,
gegen die alte Kaisergarde bei Bellealliance hätte kämpfen
sollen, so seien sie nur da gewesen, um in Stücke ge=
hauen zu werden — da war es natürlich mit der Geduld
meines Arthur zu Ende, da hätten Sie ihn sehen
sollen —

Sie sahen ihn jetzt, den Herrn Arthur Morlot. Ihre
Augen, besonders die der Damen, richteten sich unwill=
kürlich auf ihn.

Er stand noch festgebannt da. Er suchte vergeblich
sich zu ermannen. Er konnte nur gezwungen lächeln.

Auch der Franzose sah ihn an; der lächelte ebenfalls;
aber es war dem Herrn Arthur Morlot ein furchtbares
Lachen der Hölle.

Wie reizend er ist, sagte die Madame Gleuncke zu
der Frau Morlot. Ich möchte ihn küssen.

Und so bescheiden, sagte die gute Frau Morlot.

Er ließ, erzählte der Herr Charles Morlot weiter,
ruhig den Franzosen ausreden. Es dünkte ihn nicht
anständig, in Gegenwart einer Ladenjungfer einen blutigen Ehrenhandel zu beginnen. Aber als der Franzose
den Laden verließ, sagte er ihm —

Herr Arthur Morlot hatte sich gefaßt. Er trat zu
seinem Vater. Er sprach leise zu ihm:

Vater, dürfte ich Dich nicht bitten, hier abzubrechen?
Ich sage Dir später meine Gründe.

Er hatte Oel in das Feuer des Mannes gegossen,
der sich und seinen Sohn vergötterte.

Ja, mein Sohn, sprach der Herr Charles Morlot
laut, mit erhöhter Stimme, die Bescheidenheit ist eine
schöne Tugend. Aber Alles an seinem Platze. Hier
handelt es sich zuleich um die nationale Ehre, und da
dürfen keine individuellen Rücksichten gelten. So hören
Sie denn weiter, meine Damen und Herren. Arthur —

Herr Arthur Morlot stand in Verzweiflung.

Arthur ging dem Franzosen nach. Draußen im Flur hielt er ihn an, und was das Weitere betrifft, so erlaube ich mir, einfach wörtlich das folgende kurze Gespräch zwischen Beiden Ihnen mitzutheilen:

Mein Herr, auf ein Wort.

Was ist Ihnen gefällig, mein Herr?

Sie sehen, daß ich Gardeoffizier bin, mein Herr.

Ich sehe es.

Sie haben die Garde beleidigt.

Und?

Sie werden mir Genugthuung geben. Ihr Name?

Mein Name gehört mir, mein Herr.

Sie wollen sich nicht mit mir schlagen?

Ich wüßte nicht, warum.

Mein Herr, Sie sind ein Elender.

Pah!

Damit ging mein Franzose schnellen Schrittes die Straße hinunter, so recht zeigend, daß er nur ein elender Prahler war. Mein Sohn theilte die Sache nur wenigen vertrauten Freunden mit. Sie wurde aber dennoch in der Residenz bekannt, und —

Und, mein Herr — wurde plötzlich der Erzähler unterbrochen.

Der Franzose hatte mit seinem stillen Lächeln, das dem Herrn Arthur Morlot das entsetzlichste Lachen der Hölle gewesen war, der Erzählung zugehört. Er hatte

fortwährend die eisigste Ruhe bewahren können. Der
Moment der Rache, die er so lange gesucht hatte, war
ja da; sie stand eklatanter, süßer, befriedigender vor ihm,
wie er sie je erwartet, geträumt hatte; sie konnte ihm
nicht mehr entgehen.

Er war mit jener Ruhe an den Herrn Charles
Morlot herangetreten; er unterbrach damit den erzählen=
den Vater.

Und, mein Herr, auch der Franzose erhielt Nachricht
davon. Und er suchte den Herrn Lieutenant Morlot auf,
um sich mit ihm über die Sache zu verständigen. Und
der Herr Morlot hatte Wind davon bekommen und war
nirgends aufzufinden, und der Franzose erfuhr, daß der
Herr Morlot in seine Heimath verreist sei, und er reiste
ihm nach, und der Herr Morlot war einstweilen zuerst
anderswohin verreist, und erst gestern in seiner Heimath
angekommen, und heute treffe ich Sie hier wieder, Herr
Lieutenant Morlot, und wir können uns verständigen.
Und so hören Sie denn vor dieser ehrenwerthen Gesell=
schaft, daß von dem ganzen Gespräche, das Sie mit mir
draußen im Flur wollen geführt haben, kein einziges
Wort wahr ist; daß Sie gar kein einziges Wort mit
mir gesprochen haben; daß ich Sie draußen nicht einmal
gesehen habe, und daß Sie der ehrloseste und feigste
Lügner und Prahler sind, und eine Schande für die
preußische Garde, vor der ich große Achtung habe. Und

jetzt, hoffe ich, mein Herr, werden Sie die Genugthuung von mir fordern, die ich von Ihnen nicht erhalten konnte, weil Sie sich ihr durch feiges Verleugnen und durch feige Flucht entzogen hatten.

Herr Arthur Morlot war im ersten Augenblick kreide= weiß geworden. Dann hatte er sich mit dem Muthe der Verzweiflung gewaffnet. Bleich war er geblieben, aber er war ruhig.

Er neigte sich an das Ohr des Franzosen.

Mein Herr, Sie werden sich mit mir schießen.

Ueber das Schnupftuch, mein Herr, und sofort, sagte der Franzose. Schicken Sie mir Ihren Sekundanten.

Der Herr Graf Wildberg wird das Weitere mit Ihnen verabreden.

Ich erwarte ihn.

Die Frau Morlot war einer Ohnmacht nahe. Sie hatte nichts gehört; aber das ängstliche Mutterherz wußte Alles.

Der Herr Charles Morlot hielt sie.

Fasse Muth, mein theurer Engel. Unsere Kinder sind nun einmal für die Ehre erzogen. Sei stark, wie die Mutter der Gracchen.

12.

Drei Vorschläge.

Der alte Kastellan Peter und seine nicht minder alte Frau Lene saßen in ihrer alten Stube zu ebener Erde des alten, verfallenen Theils des ehemaligen Ritterschlosses auf dem Schwarzorter Berge.

Es war still in ihrer Stube. Das lustige Leben in dem neuen Theile des Schlosses drang nicht zu ihnen hin.

Doch hatte es nicht ganz spurlos an ihnen vorübergehen sollen. Die Frau Morlot hatte den alten Leuten Kuchen und Wein herüber geschickt.

Davon genossen sie, und davon sprachen sie, und wenn zwei Menschen von Einer Sache mit einander sprechen, so kommen sie auch auf andere Sachen.

Ja, Peter, die Frau ist immer eine brave Frau, und sie denkt an Alles.

Gewiß, Lene. Aber mit dem Herrn — ich sage Dir, die Sache ist nicht richtig.

Hast Du wieder etwas, Peter?

Ich muß es Dir sagen, Lene; es wird Dir ja keine Unruhe machen. Ich hatte doch da unten in den Kellern die Unruhe gehört. Es mußte Einer darin gewirthschaftet haben. Ich mußte wissen, was es war, und wie Du vorhin nach dem neuen Schlosse gegangen warst, nahm ich die Laterne und stieg da hinunter. Es war Alles still da. Ich sah auch nichts. Nach einer Weile aber bekam ich auf einmal einen großen Schreck, und es wäre auf ein Haar um mein Leben geschehen gewesen. Denke Dir, mitten in einem der dunklen, tiefen Gänge da unten, stehe ich plötzlich vor einem weiten Loche, das ich in meinem Leben noch nicht gesehen hatte. Es war ein Glück, daß ich langsam und vorsichtig gegangen war. Ich leuchtete mit der Laterne nach allen Seiten umher, und da finde ich denn, daß ich vor einer aufgehobenen Fallthür stehe. Sie mußte frisch aufgemacht sein. Ich hatte bisher nichts von ihr gewußt. Wer denkt in den alten, dunklen Gängen, die schon tief genug unter der Erde sind, an Fallthüren, die noch tiefer führen. Und wohin und wie tief sie führte, das mag Gott wissen. Eine Treppe oder eine Leiter war nicht da, und mit der Laterne leuchtete ich vergeblich hinunter. Ich sah weder Grund noch Seitenwände. Da mußte eine unergründliche und endlose Tiefe sein. Mir wurde ordentlich grausig. Ich ließ das Loch offen und kehrte geschwinde wieder um. Aber wenn ich bedenke, daß nur der Herr da gewesen sein kann —. Aber horch, Lene, geht da nicht Einer vor unserer Thür?

Ich will einmal nachsehen, sagte Lene.

Sie ging an die Thür, um sie zu öffnen.

In dem nämlichen Augenblick wurde draußen an die Thür geklopft.

Lene öffnete.

Ah, guten Abend, Herr Wasar. Wie kammen Sie denn jetzt zu uns? Sind Sie denn nicht bei der Herrschaft in dem neuen Schlosse?

Edmund Wasar trat in die Stube. Er war überall in und um Schwarzort bekannt, und er war überall gern gesehen. Er hatte so manche Spur verfolgen müssen, um die Schwester zu finden, und er war überall freundlich und freigebig gewesen.

Ich wollte zuvor hier bei Euch einsprechen, erwiederte er der alten Frau. Aber ich habe Euch gestört. Ihr mußtet in einem sehr wichtigen Gespräch sein. Ich stand schon eine Weile vor der Thür und Ihr hörtet mich nicht.

Das Alter macht geschwätzig, sagt man.

Ja, Herr Wasar, sagte der alte Peter, ich erzählte

meiner Frau, daß es in den Kellern hier unten seit der gestrigen Nacht nicht geheuer sei.

Ei, seit der gestrigen Nacht? Und was hat es denn gegeben?

Es ist da Einer herumgegangen und hat rumort und geschoben und Thüren aufgeschlossen.

Und wer ist das gewesen?

Das mag Gott wissen.

Und noch ein Anderer, Peter. Aber habt Ihr nicht nachgesehen, was es eigentlich war?

Ja wohl habe ich das. Noch vor kurzer Zeit, und ich erzählte es gerade meiner Lene, als Sie kamen.

Und was war es?

Denken Sie sich, Herr Wasar, ich war noch keine funfzig Schritte in dem ersten Gange rechts da von der Kellerthür gegangen, als ich auf einmal vor einer weit offenen Fallthür stand, die ich früher niemals gesehen hatte, und die mußte in eine unergründliche Tiefe füh=ren. Ich bekam darüber eine solche Angst, daß ich auf der Stelle umkehrte.

Und so habt Ihr weiter nichts gesehen?

Nein, Herr.

Peter, thätet Ihr mir einen Gefallen?

Zehn für Einen, Herr Wasar.

So geht in das neue Schloß und laßt Euch bei dem Herrn anmelden, und sagt, Ihr müßtet ihn durch=

aus nothwendig sprechen, er möge sein, wo er wolle. Er wird Euch vor sich lassen. Dann sagt Ihr ihm, ich sei hier in Eurer Stube und hätte ihm eine sehr wichtige und dringende Mittheilung zu machen, und ließe ihn bitten, sobald es ihm möglich sei, hierher zu kommen. Wollt Ihr, Peter?

Ich gehe auf der Stelle, Herr.

Der alte Mann ging auf der Stelle.

Wasar wartete ruhig auf seine Rückkunft.

Nach einer Viertelstunde kehrte er zurück.

Der Herr wird sogleich hier sein, sagte er zu Wasar.

Lene, sagte er dann zu seiner Frau, komm doch mal heraus, ich habe Dir etwas zu sagen.

Lene verließ mit ihrem Manne die Stube.

Ah, sagte Wasar für sich. Also doch noch! So brauchte ich sie nicht fortzuschicken. Nun, wie Gott will.

Er faßte in seine Brusttasche. Er zog seinen sechs= läufigen Revolver hervor. Er besah, er prüfte ihn. Die Waffe war in schußfertiger Ordnung. Er brachte sie in die Tasche zurück. Mit dem einfachsten, leichtesten Griffe der Hand war sie wieder schußfertig zu seinem Dienste.

Wie Gott will, wiederholte er ruhig.

Er wartete noch einige Minuten.

Die beiden alten Leute kamen nicht wieder.

Ich hatte es gedacht, sagte er.

Aber ein Schritt ließ sich hören. Die Thür der Stube öffnete sich.

Edmund Wasar blieb vollkommen ruhig.

Herr James Morlot trat in die Stube und machte die Thür hinter sich zu.

Der Greis trat mit seinem ganzen ernsten, strengen, unbeweglich kalten Gesichte langsam ein.

Sie wünschten mich hier zu sprechen, Herr Wasar?

Und zwar allein, Herr Morlot. Sie sind darin meinem Wunsche schon zuvorgekommen, wie ich sehe. Wir sind allein.

. Der Herr Morlot verwandte keinen Zug von seinem Gesichte.

Was hätten Sie mir zu sagen?

Herr Morlot, Sie sind bankerott.

Mein Herr! fuhr doch der Herr Morlot auf.

Bleiben wir ruhig, Herr Morlot. Sie sind ein Bettler. Meine Nachrichten sind die genauesten. Ich kenne Ihre Lage schon seit einiger Zeit, und ich will Ihnen auch sagen, was mich veranlaßte, mich um sie zu bekümmern, und wie ich sie dann kennen lernte. Sie standen früher in Verbindung mit John Watson in London —

Das bleiche, finstere Gesicht des Herrn Morlot wurde aschgrau; der letzte Blutstropfen war daraus entwichen. Im Augenblicke nachher war es, als wenn alles Blut

16*

in seinem Körper zu dem Gesichte sich zurückgedrängt hätte; es war dunkelroth, die Augen wollten aus ihren Höhlen hervortreten.

Wollen Sie sich nicht setzen, Herr Morlot? sagte Wasar. Oder besser, ich habe Ihnen einen anderen Vorschlag zu machen. Es ist Ihnen zu heiß in dieser Stube; man sieht es Ihnen an. Gehen wir in die Souterrains des Schlosses. Es ist frischere Luft darin, und wir können da ohne alle Störung unser Gespräch fortsetzen. Dort ist die Thür; neben ihr hängt der Schlüssel, an der anderen Seite eine Laterne. Sind Sie einverstanden?

Der Herr Morlot sah den jungen Amerikaner wie betäubt an. Dann schienen Gedanken in ihm zu erwachen, die er sich aber nicht völlig klar machen, die er noch weniger sammeln und ordnen konnte. Sprechen konnte er gar nicht.

Sie sind also einverstanden, sagte Wasar.

Er nahm von der einen Seite der Kellerthür die Laterne, die dort hing; er zündete sie an. Er nahm dann von der andern Seite den Schlüssel; er schloß die Thür auf.

Ist es Ihnen gefällig, Herr Morlot?

Der Herr Morlot rührte sich nicht.

Ah, Sie wünschen, daß ich vorausgehe?

Er trat durch die geöffnete Thür.

Darf ich bitten, mir zu folgen?

Der Herr Morlot hatte einen plötzlichen Entschluß gefaßt. Man sah, wie er sich gewaltsam aufraffte. Er schritt schnell die Stufen hinunter, die zu der Thür führten. Er trat durch die Thür; er stand an der Seite Wasars.

Warum führen Sie mich hierher? Was wollen Sie hier von mir? fragte er.

Wasar antwortete ihm nicht.

Er untersuchte die Thür, an der sie noch standen.

Sie ist von innen zu verschließen, sagte er. Wünschen Sie, daß es geschehe? Wir sind dann — Niemand hat uns hier hineingehen sehen — wir sind dann, wenn es sein muß, Beide für die Welt auf immer verschwunden; oder auch Einer, wie es sich trifft. Nun?

Schließen Sie die Thür ab, sagte der Herr Morlot kalt.

Wasar zog den Schlüssel, mit dem er aufgeschlossen hatte, an der Seite der Stube aus dem Schlosse, steckte ihn an der anderen Seite wieder hinein, und drehte ihn um.

Die Thür war verschlossen.

Der Herr James Morlot und Edmund Wasar waren von der lebenden Welt abgeschnitten; sie waren von ihr verschwunden; sie waren für sie verloren. Einer oder Beide, wie es fiel.

Mein Herr, was wollen Sie hier von mir? mußte der Herr Morlot wiederholen.

Sie werden es erfahren, Herr Morlot. Darf ich Sie jetzt bitten, den Weg zu bestimmen, den wir hier unter der Erde nehmen sollen?

Aber zu welchem Zwecke? Wohin wollen Sie?

Sie sollen darüber entscheiden. Indeß, ich will Ihnen zu Hülfe kommen. Schlagen wir diesen ersten Gang rechts ein.

Der Herr Morlot zuckte auf. Aber —

Wie Sie wollen, sagte er ruhig.

Gehen wir.

Sie gingen.

Wer das alte Ritterschloß zu Marienburg in Preußen besucht hat, der hat in diesem wunderbar großartigen Bau nicht zuletzt und nicht am geringsten die ungeheuren Bauarbeiten unter der Erde bewundert, die unter der ganzen Länge und Breite des Schlosses sich erstrecken, und auf denen, wie auf den festesten und zugleich kunstvollst aufgerichteten Mauern das Schloß seit Jahrhunderten ruhet.

In ähnlicher, wenn auch nicht in gleich großartiger und kunstvoller Weise, liefen unter dem alten Ritterschlosse auf dem Schwarzorter Berge unterirdische Gänge hin und her, in Windungen und Krümmungen, bald schmal, bald breit, bald kurz, bald länger, dann sich

durchschneidend, dann größere oder kleinere Räume bil=
dend, mit offenen Thüren wie Gemächer, ganz offen,
wie große Höfe.

In den ersten Gang rechts gingen der Herr James
Morlot und Edmund Wasar. Sie gingen nebeneinan=
der; der Gang war breit genug. Wasar trug die La=
terne; er trug sie in der linken Hand; seine rechte war
frei. Der Herr Morlot hatte beide Hände frei.

Sie waren einige vierzig Schritte gegangen. Keiner
hatte ein Wort gesprochen.

Edmund Wasar machte Halt.

Jetzt, Herr Morlot, sagte er.

Und was jetzt, mein Herr?

Orientiren wir uns zuerst.

Er hob seine Laterne höher. Sie konnten auf zehn
Schritte weit sehen.

Sie sahen nicht viel. Sie waren noch in dem
Gange, den sie eingeschlagen hatten. Er konnte eine
Breite von zwölf Fuß haben. Die Mauern, die ihn
einfaßten, waren von Ziegelsteinen aufgeführt. Der
Schein der Laterne zeigte die von den Jahrhunderten
dunkel gebräunten Steine. Auch etwa zwölf Fuß be=
trug die Höhe der Mauern. Sie sahen oben die feste
Bohlendecke, die wie für die Ewigkeit zusammengefugte
Grundlage des Schlosses. Hinter und vor ihnen verlor
das Licht sich in dem ferneren Dunkel des Ganges. Vor

ihnen zeigte sich nur noch mitten in der Helle der Laterne und mitten in dem Gange ein breiter, dunkler Fleck.

Es war die Fallthür, von welcher der Kastellan gesprochen hatte. Sie war noch offen, wie sie von ihm
verlassen war.

Morlot und Wasar standen fünf Schritte von ihr.

Edmund Wasar hatte stumm umhergeleuchtet.

Ist es Ihnen gefällig, daß wir hier bleiben? fragte
er seinen Begleiter.

Wie Sie wollen, mein Herr.

So kann ich fortfahren. Sie standen vor Jahren
in Verbindung mit John Watson in London?

Ich stand mit ihm in Verbindung.

Sie standen mit meinem Vater in Verbindung.

Wie, Herr Wasar?

John Watson, der vor zwanzig Jahren, von Ihnen
gerufen, hierher nach Schwarzort kam, war mein Vater
und das Kind, das er bei sich hatte, war meine Schwester. Sie erinnern sich doch des Kindes noch, Herr
Morlot?

Fahren Sie fort.

Ich fahre fort. Mein Vater kam nicht zurück, wenigstens nicht zu mir und nicht für mich. Auch meine
Schwester nicht. Mich warf das Schicksal in die weite
Welt, und in eine für mich glückliche Welt. Ich wurde
reich. Ich kehrte nach London zurück. Mein Vater

war für mich verloren geblieben und konnte es bleiben.
Meine Schwester mußte ich wiederfinden. Bevor ich
hierher abreiste, zog ich in England Erkundigungen über
Sie ein, warum, werden Sie sich erklären. Man schien
Sie dort besser zu kennen als hier; man sieht in Eng=
land schärfer. Man hielt Ihre Lage mindestens für
schwankend. Ich setzte hier meine Erkundigungen nach
Ihnen fort, ich blieb in Correspondenz mit England.
Ich sehe, wie ein Engländer und zugleich wie ein Ame=
rikaner. Ich erkannte, daß Sie nächstens verloren sein
würden, daß Sie es eigentlich schon waren. Nachrich=
ten, die ich sodann gestern aus England erhielt — Sie
haben Sie wohl erst heute erhalten — bestätigen mir
Ihren vollen Bankerott. Er war längst unvermeidlich.
Selbst Schwindler, mußten Sie sich mit Schwindlern
einlassen. Sie blieben zuletzt der Betrogene. Aber
— Ich fand hier die Schwester wieder, die ich suchte.
Ich fand hier zugleich den Vater wieder, den ich nicht
gesucht hatte. Er war auch Ihnen unerwartet zurück=
gekommen; sehr unerwartet. Nun, er ist wieder fort;
seit ein paar Stunden; Sie wissen es. Sie wissen es
doch?

Fahren Sie fort, mein Herr, sagte finster der Herr
Morlot.

Wohl. Und ich komme auf Sie und Ihre Lage

zurück, Herr Morlot. Sie sind bankerott. Mit wie
Vielem ist Ihnen zu helfen?

Der Herr Morlot fuhr diesmal nicht auf.

Wollten Sie mir vielleicht helfen? fragte er spöttisch.

Ja, mein Herr!

Und wie, wenn ich bitten darf?

Nun, ich hätte Ihnen dreierlei Vorschläge zu machen.

Lassen Sie einmal hören.

Zuerst, Herr Morlot — Sie erinnern sich, wie ich
gestern bei Ihnen in Ihrem Comptoir war?

Sie schenkten mir die Ehre.

Sie wünschten zu wissen, wie viel Geld ich bei mir
trage.

Ich wollte das wissen?

Der Herr Morlot fragte das nicht spöttisch. Seine
Lippen zuckten plötzlich auf.

Nun, ich denke, es war Ihnen daran gelegen, zu
erfahren, welches Vermögen für gewöhnlich an meinem
Körper zu finden sei.

Der Herr Morlot hatte seine Ruhe und seinen Spott
wieder.

Weiter, mein Herr!

Ich erwies Ihnen die kleine Gefälligkeit, Ihre Neu=
gierde zu befriedigen; sogar so vollkommen, daß Sie
mich für einen kindischen, ohne Mühe zu fangenden

Prahler halten mußten. Sie hatten darauf die Güte, mich zu sich einzuladen.

Sie haben mir die Ehre nicht geschenkt.

Ich denke, doch. Ihr eigentliches Ziel lag ja wohl hier unten. Wir sind nur auf einem anderen Wege hergekommen. Denn, wenn ich nicht irre, führt auch aus Ihren Zimmern drüben ein verborgener Gang hierher. Wir sind also da, mein Herr Morlot. Dort, fünf Schritte von uns ist die Fallthür, die Ihre, nur Ihnen bekannte Burgverließe öffnet. Gehen wir hin. Aber vorher Eines, Herr Morlot. Jeder Mensch, wenn er nicht ein Narr ist, liebt sein Leben. Daß ich kein Narr bin, werden Sie mir jetzt glauben. Sie müssen zudem, wenn ich nicht irre, vor ein paar Stunden erfahren haben, daß ich mich heute mit einem prächtigen Mädchen verlobt habe. Ich liebe also in diesem Augenblicke mein Leben doppelt, und Sie werden daher meiner Versicherung vertrauen, daß ich mein Leben auf das äußerste vertheidigen werde. Zum Ueberfluß bitte ich Sie, sich diesen Revolver anzusehen, den ich, wie Sie wohl denken werden, nicht zum Spaß bei mir trage.

Er zog seinen sechsläufigen, schußfertigen Revolver hervor.

Der Herr Morlot warf einen halben Blick darauf·
Nun, mein Herr, gehen wir zu der Fallthür?

Der Herr Morlot hatte seinen Spott nicht mehr.

Sie sind ein Narr, mein Herr, sagte er.

Edmund Wasar blieb ruhig.

Sie halten mich also doch noch dafür? Gleichviel! Und Sie wollen mich nicht zu jener Thür begleiten. So muß ich Ihnen meinen zweiten Vorschlag machen.

Machen Sie ihn draußen, sagte der Herr Morlot.

Nicht doch, wir sind hier ungestörter, und wir müssen das sein. Ich habe jetzt sehr Ernsthaftes mit Ihnen zu sprechen.

Wohlan, lassen Sie auch das hören.

Edmund Wasar änderte in der That seinen Ton.

Herr Morlot, sagte er ernst. Ich bin ein reicher Mann. Ich hatte meiner Schwester, wenn ich sie wiederfände, eine Million Dollars zugedacht. Ich konnte das. Ich habe sie wiedergefunden. Sie ist die Braut Ihres Sohnes Robert. Ich werde den künftigen Schwiegervater meiner Schwester nicht im Stiche lassen. Ich frage Sie in vollem Ernste, Herr Morlot, mit wie viel ist Ihnen zu helfen, damit Sie Ihr Geschäft so groß wie bisher, und nur solider, fortsetzen können? Nennen Sie die Summe; ich zahle sie Ihnen hier sofort aus. Kein Mensch in der Welt erfährt oder ahnt nur, was Ihnen heute drohte. Nehmen Sie mein Anerbieten an, Herr Morlot. Kein Mensch in der Welt erfährt auch jenes Andere. Eben darum habe ich meinen Vater in die weite Welt zurückgeschickt. Sollten Sie dennoch

Besorgnisse haben, so verlassen Sie Memel, ziehen Sie mit Ihrem Sohne in einen anderen Welttheil. Gründen Sie dort ein neues Geschäft, ein neues Leben. Sie sollen leben, wie Sie hier lebten. Schlagen Sie ein, Herr Morlot. Nehmen Sie an, was Ihnen aus dem besten Herzen angeboten wird.

Er hatte den Herrn Morlot überrascht.

Der finstere, strenge, verbrecherische Greis hatte nur etwas ganz Anderes erwarten können, als ein solches Anerbieten des Edelmuths. Nach Allem, was noch in der letzten Stunde vorgegangen war, hatte er ganz Anderes erwarten müssen.

Der verbrecherischste Mensch hat eine bessere Seite in seinem Innern, die getroffen werden kann.

James Morlot stand plötzlich gebeugten Hauptes da. Die strengen Züge seines Gesichts waren erschlafft.

Herr Wasar, sagte er mit einer Stimme, der man die Aufregung in seinem Innern anhörte, deren Ton aber doch einen festen Entschluß ankündigte, Herr Wasar, ich kann Ihr Anerbieten nicht annehmen.

Und warum nicht, Herr Morlot? fragte Wasar.

Weil ich seiner nicht würdig bin.

Aber Ihre unglückliche Frau! Ihr Sohn, meine Schwester! Herr Morlot, um aller dieser lieben Menschen willen beschwöre ich Sie.

Ich kann nicht.

Und was wollen Sie denn?

Der Greis antwortete nicht.

Was wollen Sie denn, Herr Morlot? wiederholte Edmund Wasar.

Er erhielt zum zweiten Male keine Antwort.

Da flammten die Augen des jungen Amerikaners auf; seine Stimme erhob sich.

Mein Herr, sagte er, Sie haben den Muth verloren. Sie hatten ihn freilich bisher nur zu Verbrechen. Sie haben ihn jetzt zu gar nichts mehr. Da bleibt Ihnen denn nur noch Eines übrig. Es gehört auch dazu Muth; aber unter anderen Umständen. Bei Ihnen ist es das letzte Zufluchtsmittel der Feigheit, der Muth der Feig= heit, wenn Sie wollen. Ich hatte Ihnen drei Vorschläge zu machen. Zwei haben Sie gehört und zurückgewiesen. Hören Sie den dritten. Ich muß ihn Ihnen machen. Der Sohn des Mannes, den Sie vor zwanzig Jahren ermorden wollten, ermordet zu haben glaubten, darf, muß jetzt als das rächende Schicksal vor Sie treten, zu= gleich an Ihre letzte Pflicht Sie mahnen. Der Muth ist Ihnen abhanden gekommen, das Letzte des Mannes. Sie selbst können nicht mehr leben. Sie sind verdor= ben und verloren. Ziehen Sie in Ihr Verderben nicht Andere mit hinein, vor Allen nicht Ihre arme Frau, ein Weib, von Natur so brav und so edel, wie der liebe Gott vielleicht kein zweites geschaffen hat, und von

Ihnen so tief unglücklich gemacht. Geben Sie sie frei, und Sie, mein Herr — dort ist Ihr Burgverließ, wir stehen fünf Schritte davon. Stürzen Sie sich hinein, mit meinem Revolver hier, wenn Sie selbst keine Waffe bei sich führen. Ich verschließe die Thür hinter Ihnen. Ihre Frau bezahlt morgen Ihre Schulden. Ihr Verschwinden bleibt der Welt ein unauflösliches Räthsel, und die Ihrigen bleiben vor der Welt die Angehörigen eines Ehrenmannes. Nun, mein Herr?

Aber James Morlot konnte sich nicht mehr aufrichten. Der Muth, das Letzte des Mannes, war von ihm gewichen. Sein Haupt hing ihm auf der Brust. Seine Augen waren erloschen.

Ich kann nicht! sagte er selbst, mit matter, sterbend matter Stimme.

Können Sie zu Gott beten? fragte ihn Edmund Wasar.

Er schüttelte den Kopf.

Dann sind Sie ewig verloren.

Edmund Wasar ging.

Den Greis ließ er mit der Laterne in dem grauenvollen, unterirdischen Raume zurück.

13.

Arme Menschen.

Die Gesellschaft in dem Schlosse des Herrn Morlot
war belebter geworden. Am belebtesten war sie in dem
Tanzsaale Die Musik spielte die raschesten und lustig=
sten Weisen. Das junge Volk flog leicht und lustig
und scherzend und lachend durch den Saal. Die Ael-
teren hatten ihre Lust und Freude am Zusehen.

Viele ältere Herren und Damen waren zum Zu=
sehen da.

Unter ihnen waren auch die Frau Auguste Morlot
und Madame Gleuneke.

Die Madame Gleuneke war noch immer entzückt.

Mein Gott, wie Ihr Arthur reizend tanzt. Ich
muß ihn wahrhaftig küssen.

O, Madame Gleuneke, sagte die Frau Morlot, auch
ich habe mich noch nie so über Arthurs Tanzen gefreut,

als in diesem Augenblicke. Sehen Sie nur, er tanzt in einer Quadrille mit dem Herrn von Lambert, und wie höflich die Beiden gegenseitig sind.

Ich bemerke es auch, Madame Morlot. Und Ihr Arthur ist auch so unbefangen und munter. Die Sache von vorhin muß unter den beiden Herren beigelegt sein.

Ich hoffe es zu Gott, Madame Gleuneke. Der Herr Graf Wildberg, mit dem mein Sohn, und der Adjutant des Majors, mit dem der Franzose gesprochen hatte, gingen ja auch eine zeitlang hin und her und sprachen leise mit einander, und sie wurden immer höflicher und zuletzt war Alles still und ruhig, und sie tanzen jetzt Alle fröhlich und vergnügt.

Ja, ja, Madame Morlot, Sie werden sich die Hälse nicht mehr brechen. Diese Franzosen, wenn sie sich auch schrecklich viel einbilden und meinen, sie seien die erste Nation, sind denn doch im Grunde ein höfliches Volk, und ob sie so viel Muth haben, bleibt auch noch die Frage. So wollen sie ja auch das gebildetste Volk sein, und daß sie von der Geographie nichts wissen, haben wir schon in der Schule gelernt. Nun, es ist gut so, und ich freue mich für Sie, Madame Morlot.

Ich bin Ihnen sehr verbunden, Madame Gleuneke.

Wie doch die Damen von Allem, was Ehre betrifft, nichts verstehen, sagte der Major zu einem dicken Herrn, der ein Landbaumeister war.

Der dicke Herr stand neben ihm, und beide Herren standen hinter den beiden Damen.

Ich bin ganz Ihrer Meinung, Herr Obristwacht= meister, sagte der dicke Herr. Sie glauben also nicht, daß der Ehrenhandel zwischen den beiden Herren bei= gelegt ist?

Ich weiß sogar bestimmt das Gegentheil, versicherte sehr wichtig der Major.

Aber müßte man da nicht dem Herrn Landrath, der gerade hier ist, Anzeige machen? fragte der dicke Herr, der in Betreff der Damen ganz der Meinung des Ma= jors gewesen war.

Der Major blieb wichtig.

Bei Streitigkeiten von Adligen und Offizieren darf man das nicht. Eigentlich sollte das Duell nur ein Ehrenvorzug des Adels sein —

Ich bin ganz Ihrer Meinung, Herr Obristwacht= meister!

Der Landbaumeister war ein ehrlicher, bürgerlicher Mann.

Daher, fuhr der Major in seiner Logik fort, sollte denn auch kein Bürgerlicher Offizier werden dürfen, zumal in der Garde nicht.

Auch darin bin ich ganz Ihrer Meinung, Herr Obrist= wachtmeister.

Indessen, der Herr Morlot ist einmal Offizier, und

er ist ein tüchtiger und muthvoller Offizier, und geben Sie Acht, er wird den Franzosen niederschießen.

Ich bin ganz Ihrer —. Glauben Sie wirklich, Herr Obristwachtmeister?

Ich bin überzeugt, und in einer halben Stunde können wir es wissen. Sehen Sie, die Herren geben sich Winke. Da verläßt zuerst der Lieutenant Morlot den Saal; da der Graf Wildberg, der ihm sekundiren wird. Da geht auch mein Adjutant, der nach den Gesetzen der Ehre dem hier fremden Franzosen nicht abschlagen durfte, ihm zu sekundiren. Der Franzose ist noch da, um Aufsehen zu vermeiden; er unterhält sich sogar außerordentlich zuvorkommend mit der schönen Schwester seines Gegners. Aber geben Sie Acht, in einigen Minuten wird auch er verschwinden.

Der Herr Obristwachtmeister haben einen scharfen Blick.

Die Uebung, mein Lieber.

Der Herr Obristwachtmeister haben sich auch gewiß oft geschlagen?

Man spricht selbst nicht davon.

Der Major hatte richtig gesehen und richtig geahnt.

Der Tanz war zu Ende. Da hatten die drei Herren sich Einer nach dem Anderen, wie zufällig, entfernt. Nach einer Minute verabschiedete sich der Herr von Lambert mit größter Courtoisie von dem schönen Fräulein Melanie und auch er verließ, wie um zu einem Buffet zu gehen, den Saal.

Ihnen Allen folgte ein Arzt, der gleichfalls in der Gesellschaft war.

Das Alles war nur sehr Wenigen aufgefallen, und die, denen es auffiel, sprachen nicht weiter davon. Die Anderen mochten wohl in gleicher Lage sein, wie nach des Majors Meinung, die Damen.

Auch die beiden Damen Morlot und Gleuneke hatten nichts gesehen.

Als der Tanz zu Ende war, hatte das Entzücken der Madame Gleuneke sich auf etwas Anderes geworfen.

Ach, meine liebe Morlot, welch eine reizende Frau ist doch Ihre Frau Schwägerin! Ich habe nie schönere weiße Locken gesehen. Man sollte sie küssen.

Ja, liebe Gleuneke, meine Schwägerin hat sich gut conservirt.

Nun, sie hatte ja auch nie Sorgen.

Sagen Sie das nicht, liebe Gleuneke.

Bei dem Reichthum? Ich bitte Sie.

Auch im Reichthum kann man Sorgen haben. Zum Beispiel —

Ah, Sie meinen die fatale Wechselgeschichte des Sohnes?

Ich spreche nichts aus.

Aber gestehen Sie, liebe Morlot, sehr zu Herzen

scheint Ihre Schwägerin sich die Sache nicht zu nehmen.
Sehen Sie nur, wie sie sich unbefangen mit dem Land=
rath unterhält und wie sie dabei als aufmerksame Wir=
thin die Augen nach allen Seiten hat. Und da tritt
auch ihr Mann ein; wie vergnügt sieht auch er aus!
Ich habe ihn selten so heiter gesehen.

In der That, sagte die Frau Morlot.

Aber verlassen wir die beiden vortrefflichen Damen.

Vergnügt und heiter war der Herr James Morlot
zwar nicht in den Saal getreten — das Entzücken liebt
zu übertreiben —; aber weniger strenge als sonst sah
er aus, und sein Gesicht trug neben seinem vollen ge=
wöhnlichen Ernste den Ausdruck einer gewissen Milde.

Er nahte sich seiner Frau, die mit dem Landrathe
sich unterhielt. Er gab ihr, unbemerkt von dem Land=
rathe, einen Wink: In Deinem Zimmer! Er machte sich
dann noch das und das zu thun, und eine Minute
später war er wieder fort.

Eine zweite Minute später wußte seine Frau, ohne
daß es auffiel, ihr Gespräch mit dem Landrath abzu=
brechen, und auch sie hatte dann, als wenn sie irgend
etwas zu besorgen habe, den Saal verlassen.

Die beiden unglücklichen Menschen hatten eine große
Gewalt über ihr Aeußeres.

Auch über ihr Inneres, zuletzt.

In dem Zimmer der Frau finden wir das Ehepaar wieder.

Ein paar Augenblicke war James Morlot noch allein da.

Sein Gesicht war nicht wieder finster oder strenge geworden. Es hatte freilich auch nicht mehr jenen Aus= druck der Milde. Es war tief .ernst, sorgenvoll und unruhig. Es zeigte einen festen, vielleicht sehr schweren Entschluß an. Aber vor der Ausführung war noch etwas zu thun, und dies war vielleicht noch schwerer, als der Entschluß und dessen Ausführung, und es er= füllte ihm das Herz mit Sorgen und Unruhe.

Seine Frau trat ein.

Aus seinem Gesichte verschwanden Unruhe und Sorge. Jener milde Ausdruck trat wieder hervor, und er war diesmal kein gemachter.

Die sonst so harten, strengen Züge des Greises hat= ten eine schmerzliche Weichheit angenommen, und als er plötzlich seine Frau ansah, durchbebte das Gesicht ein plötzliches Zucken, dem ein lautes Aufschluchzen schien folgen zu müssen.

James, um Gotteswillen, was ist Dir? rief die Frau.

Er nahm ihre Hand; er führte sie zum Sopha.

Setzen wir uns, Emilie, ich habe mit Dir zu sprechen.

Hat sich ein neues Unglück zugetragen?

Nein, Emilie, aber das Ende alles unseres Unglücks ist da.

Sie hatten sich gesetzt.

Er war auch innerlich ruhiger geworden.

Sie war klar und milde, wie immer.

So saßen die beiden alten Ehegatten beisammen. Sie hatten sich so lange und so herzlich geliebt. Sie liebten sich noch so innig und herzlich. Sie hatten so manche Freude zusammen erlebt, auch so manches schwere Leid, und manches schwere Verbrechen. Sie saßen da, Hand in Hand, der weiße Kopf des Mannes an den silbernen Locken der Frau, er noch so kräftig und rüstig, sie noch immer so erhaben schön. Sie saßen da, festlich geputzt und geschmückt, in Seide und in Gold und in Edelsteinen, mitten in Reichthum, in Glanz und Prunk. Die Töne der rauschenden Musik drangen aus dem Tanzsaale zu ihnen. Sie saßen so arm, so elend, so unglücklich da. Aber sie saßen da, am Ende all ihres Unglücks, hatte der Mann gesagt.

Die Frau mußte doch besorgt in dem Gesicht des Mannes forschen.

Er sah es.

Du dachtest an die Beiden, Emilie?

Ich dachte an sie, aber ich bin beruhigt.

Und Du kannst es sein. Ich sah Watson, ich sah Wasar. Sie leben, und sie mögen, sie sollen leben.

Ich danke dem Himmel für diese Worte, James.

Aber etwas Anderes habe ich mit Dir zu sprechen, Emilie, und das laß uns als treue Gatten in Ruhe und in Liebe mit einander berathen. Emilie, Du sollst heute über unser Schicksal entscheiden. Wäre es immer so gewesen! Hätte ich immer nur Dir, Deinem besseren, reinen, edlen Sinn gefolgt, es wäre anders mit uns, wir wären Beide glücklich, Du wärst nicht diese tief unglückliche Frau, ich wäre nicht der verlorene Mensch. Aber das ist vorbei. Es ist zu spät. Sprechen wir von dem, was vor uns liegt. Emilie, Du kennst unsere Lage. Nur Eins weißt Du nicht. Wir können noch heute gerettet werden; wir sind noch in der heutigen Nacht wieder reiche Leute, mit einer glänzenden Zukunft. Niemand erfährt, was in dem gegenwärtigen Moment uns noch drückt. Niemand, was seit so langen Jahren uns gedrückt hat. Das Alles tritt ein ohne ein Verbrechen, ohne irgend eine Verletzung unserer Ehre. Es kommt zu uns, ohne daß wir es rufen. Wir haben nur die Hand danach auszustrecken. Du sollst entscheiden, ob wir es können. Du allein. Du nur allein kannst das Richtige treffen, was die Ehre, was die Pflicht von uns fordert.

Und ich werde so entscheiden, James.

So höre. Vor einer halben Stunde ging Wasar von mir. Er stellte mir sein Vermögen zur Verfügung. Soll ich es annehmen? Wir sind wieder reich, wie wir waren. Es ist nie mit uns anders gewesen. Wir leben groß, glänzend, wie bisher. Entscheide, Emilie.

Die Frau hatte ihm mit ihrer vollen Ruhe und Klarheit zugehört. So hatte sie auch — zwar keine Antwort, aber eine Frage an ihn, und die Frage war doch eine Antwort.

James, könnten wir zufrieden und glücklich leben?

Du, Emilie! sagte er. Und Du sollst, Du mußt es.

Darum sollte ich entscheiden?

Emilie, höre mir noch einmal mit Ruhe zu. Du wurdest mit dem reinsten, dem edelsten und dem glücklichsten Herzen mein Weib. Ich verdarb Dich, ich machte Dich unglücklich. Du hast an meiner Seite durch ein langes Leben des Verbrechens, der Sorge, der Angst, der Verzweiflung Dich durchkämpfen müssen. Ich muß Dich einmal glücklich wissen. Ziehen wir mit unseren Kindern in ein fremdes Land.

Und Du wolltest da für mich leben, James?

Nur für Dich.

Ja, nur für mich! Ich sehe es —

Sie hatte mit ihren klaren Augen in die seinigen geblickt. Er wollte sie niederschlagen. Sie hatte schon darin gelesen.

O, James, mein geliebter Mann, wie liebst Du
mich! Das Leben ist Dir zur Qual geworden. Es mußte
so sein, wenn endlich die bessere Erkenntniß über Dich
kam, und einmal mußte sie über Dich kommen. Für
mich wolltest Du die Qual ertragen! Ist es so, James?
Antworte mir. Sieh mich an.

Antworten konnte er ihr nicht. Aber er sah sie an.
Und sie las in seinen Augen die Antwort.

Ja, es ist so. Und nun höre mich an, Du Mann
meiner Liebe, meines Lebens. Du willst mich glücklich
wissen, sagtest Du. Du sollst es. Ich sprach Dir ge=
stern Abend von einem Platze, an dem wir ausruhen
könnten für immer, von allen unseren Sorgen und
Mühen, der uns ein sicheres Asyl sei gegen Alles,
was uns verfolgt und drückt und ängstigt und quält.
Suchen wir ihn auf, James! Hast Du Muth? Du
hast ihn!

Er erbebte doch. Aber nicht für sich.

Auch Du, Emilie? Auch Du? rief er schmerzlich.

Auch ich, James. Könnte ich nur Einen Tag sein
ohne Dich? Wir haben so lange zusammengelebt, sterben
wir zusammen! Und — wir waren so lange zusammen
Verbrecher; nehmen wir zusammen die Büßung, die
Sühnung auf uns. Ja, James, unser Leben wäre dem
Gesetze der Menschen verfallen. Geben wir es freiwillig
hin. Dem Gesetze der Menschen ist dann Genüge ge=

schehen. Und vor Gott, vor dem ewigen Richter sind wir Alle Sünder, aber auch für Alle ist seine unendliche Gnade und Barmherzigkeit. Komm, James!

Komm, Emilie, sagte er.

Da fiel sie an sein Herz und küßte ihn, und er umfing sie mit seinen Armen und küßte sie wieder.

Dann erhoben sie sich, und es war ein wunderbarer Anblick, wie sie da standen, der Greis, die Greisin; er so kräftig, sie so schön; er fest und ruhig; sie verklärt, erhaben; Beide mit klarem, muthigem Blick.

So reichten sie sich noch einmal die Hand. So sahen sie sich noch einmal in die Augen. Beide schweigend.

Sie nahmen Abschied nicht von einander, aber vom Leben.

Dann sprachen sie Jeder zwei Worte.

Komm, James.

Komm, Emilie.

Sie gingen zu einer Seitenthür des Gemaches, die zu einer verborgenen Treppe führte.

Sie verschwanden durch die Thür, in ihren Festkleidern, in Seide, in Gold und in Edelsteinen.

Aus dem Tanzsaale klangen die letzten Töne eines lustigen, wilden Galopps herüber.

14.

Schlußbilder.

＿＿＿

Der Oberkontroleur der Zollwache stand wieder auf seinem Posten. Der Gensd'armerie=Wachtmeister war nicht wieder bei ihm, aber sein Vigilant Engelmann.

Sie standen ungefähr hundert Schritt vom Ufer der Ostsee. Ein kleines Gebüsch niedriger Fichten verbarg sie. Sie selbst hatten den Blick nach allen Seiten hin.

Sie konnten weit sehen: die Nacht war klar, die Sterne glänzten am Himmel und spiegelten sich in dem harten Schnee am Boden.

Das Boot bleibt lange, Engelmann, sagte der Ober= kontroleur.

Aber meine Nachrichten, daß es kommt, sind sicher, erwiederte der Vigilant.

So müssen wir noch warten. Wenn es nur nicht so verzweifelt kalt wäre, Engelmann.

Und wenn ich nur nicht den heißen Durst hätte,
Herr Oberkontroleur.

Da ist Schnee, lösche ihn.

Der Oberkontroleur lachte über seinen Witz.

Der Vigilant wurde philosophisch nachdenklich.

Ach, Herr Oberkontroleur, die Güter des Lebens sind
doch sonderbar in der Welt vertheilt. Wir müssen hier
frieren und dursten, und nun sehen Sie mal da nach
oben hin.

Die hellen Lichter da oben auf dem Berge meinst
Du?

Lichter, Herr Oberkontroleur? Es ist ja, als wenn
das ganze Schloß in Flammen stände, so leuchtet es
von dem Berge in die Nacht hinein! Und wie warm
muß es da sein, und was muß es da Alles zu trinken
geben!

Ja, ja, der alte Morlot hat den besten Champagner
in Memel, und er ist nicht geizig damit.

Wie glücklich sind doch solche reiche Leute, Herr
Oberkontroleur! Könnte das nicht auch einmal an Unser-
einen kommen?

Still, Engelmann, hörst Du nichts?

Wo, Herr Oberkontroleur?

Dort rechts, hinter uns.

Wahrhaftig, Herr Oberkontroleur, da scheint etwas
zu gehen. Es kommt vom Berge her.

Und da sieht man es auch.

Es sind zwei Menschen.

Ein Mann und eine Frau.

Sie gehen nach dem Wasser hin.

Aber sie tragen nichts.

Sie werden vom Wasser etwas holen wollen. Ob ich ihnen nachgehe, Herr Oberkontroleur?

Bewahre. Noch ist kein Boot da. Man könnte Dich sehen, und dann käme es nicht heran.

Aber die beiden Menschen gehen weiter nach rechts. Wir verlieren sie aus den Augen.

In der Stille der Nacht hören wir desto besser, auch das Boot, wenn es kommt. Laß uns horchen.

Engelmann widersprach nicht mehr.

Sie horchten.

Die beiden Menschen waren ihnen aus den Augen entschwunden, nach dem Wasser hin.

Alle Wetter, fuhr auf einmal der Oberkontroleur in die Höhe. Hast Du es auch gehört, Engelmann.

Es war wie ein schwerer Fall, Herr Oberkontroleur.

In das Wasser.

Ja, in's Wasser.

Und in der Gegend, in die die beiden Menschen gingen.

Wenn da doch Contrebande wäre, Herr Oberkontroleur!

Gehen wir hin!

Sie gingen hin, zum Wasser, in die Gegend, in der sie den schweren Fall gehört hatten. Sie erreichten das Wasser.

Sie standen an einer kleinen Bucht, die in das Ufer hineinschnitt.

Hier war es, Herr Oberkontroleur.

Aber es ist nichts zu sehen, kein Boot und kein Mensch.

Doch, doch, Herr Oberkontroleur, da treibt etwas auf dem Wasser. Es schwimmt dem Ufer zu.

He, Engelmann — und es sieht so sonderbar aus.

Es ist ein Mensch, Herr Oberkontroleur.

Es sind ihrer zwei, Engelmann. Sie halten sich umfaßt.

Wahrhaftig. Da wirft eine Welle sie an das Land.

Nehmen wir sie auf. Hilf mir. Faß an!

Um Gotteswillen, Herr Oberkontroleur!

Allmächtiger Gott!

Herr Oberkontroleur, das ist ja der reiche, alte Morlot und seine Frau.

Ja, und sie sind todt und sie haben die todten Arme um einander geschlungen und halten sich so fest damit, daß die Leichenfrau sie schwerlich wird auseinander bringen können.

Und da oben in ihrem Schlosse tanzen und trinken

und jubiliren die Gäste. Ach, Herr Oberkontroleur, solche reiche Leute haben doch auch ihren Schuh, der sie drückt.

Und der Druck tödtet sie, sagte der Oberkontroleur. Aber hier muß der Polizei und den Gerichten Anzeige gemacht werden. Bleibe Du zur Wache bei den Leichen, Engelmann. In dem Schlosse da sind auch der Land= rath und der Gerichtsdirector. Ich werde sie herbeiholen. Sie finden hier andere Arbeit, als dort.

Der Oberkontroleur ging zum Schlosse.

Der Vigilant Engelmann blieb bei den Leichen.

Sie tanzten und tranken und jubilirten noch in dem Schlosse auf dem Schwarzorter Berge.

Freilich nicht Alle, die da waren.

In einem der kleineren Säle saß in einer Ecke eine Frau mit blassem Gesichte, mit angstvoll umherblickenden Augen, mit gerungenen und gefalteten Händen.

Die Frau Auguste Morlot hatte doch ihren Sohn Arthur vermißt, und dann den Grafen Wildberg, dann den Adjutanten des Majors, dann auch den Herrn Al= phons de Lambert, und zuletzt den Arzt. Und sie wußte, was die gemeinsame Abwesenheit aller dieser Personen zu bedeuten hatte. Das ängstliche Mutterherz fürchtete, sah da schon Alles.

Ihr Mann, der Herr Charles Morlot, saß neben ihr. Er konnte ihr keinen Trost geben. Er hatte zwar ihr vorher Muth zugesprochen und sie an die Mutter der Gracchen erinnert. Als aber die Gefahr da war, da fehlte ihm selbst der Muth. Er wischte sich mit seinem seidenen Tuche den Angstschweiß von der Stirn.

Der Franzose wird meinen Arthur erschießen, jammerte die Frau.

Ja, mein theurer Engel, diese Franzosen sind muthige Duellanten und schießen gut, klagte der Mann.

Ich werde nie mein Kind wiedersehen, rief die Frau.

Wäre doch diese unglückliche Geschichte nicht gewesen, seufzte der Mann.

Du trägst die Schuld, Charles. Warum erzähltest Du sie? Aber Du willst immer groß thun.

Wie konnte ich wissen, Auguste, daß der Mensch, von dem die Rede war, hinter mir stand?.

Nun haben wir das Unglück.

Wir behalten ja noch zwei Kinder, Auguste.

Die sich schon jetzt nicht um uns bekümmern, die ihre armen Eltern in dieser Stunde allein lassen können.

Sie sind noch jung, mein theurer Engel!

Und da darf Melanie tanzen, während ihr Bruder erschossen wird und wir hier in Todesangst sind?

Beneiden wir sie um ihre Kraft, mit dem tief geängstigten Herzen tanzen zu können.

Und Adalbert hat gar eine Farobank aufgelegt!

Er ist immer eine besondere, geniale Natur.

Mein Gott, Charles, komme mir in diesem Augen=
blicke nicht damit.

Du suchtest ja Trost bei mir, Auguste. —

Die Thür des Salons wurde aufgerissen.

Eine Menge Menschen stürzten herein. In ihrer
Mitte der Herr Arthur Morlot. Er war unversehrt.

Er hat den Franzosen erschossen! jubelten die Men=
schen.

Die Mutter schloß weinend den Sohn in ihr Arme,
an das Herz, das um seinetwillen wahrhaftig in Todes=
angst geschlagen hatte.

Der Herr Charles Morlot steckte sein seidenes Tuch
in die Tasche, erhob sich gemessen und fragte:

Hat er ihn todt geschossen?

Todt nicht, aber er hat ihm den rechten Arm zer=
schmettert.

Erzählen Sie mir Alles, meine Herren. Kurz nur,
wenn ich bitten darf, aber in Ruhe und Ordnung.

Der Graf Wildberg erzählte und er erzählte kurz
und in Ruhe und Ordnung.

Die Beiden schossen sich über das Schnupftuch. Es
wurde auf dem Schnee zwischen ihnen ausgebreitet.
Jeder trat an einen Zipfel. Sie zielten, die Pistolen
waren fast aneinander. Los! wurde commandirt. Sie

schoffen Beide zu gleicher Zeit. Die Kugel des Fran=
zosen ging dicht an Arthurs Kopf vorbei. Die Kugel
Arthurs fuhr dem Franzosen in die Schulter. Er sank
nieder. Er wollte sich wieder aufrichten, um das Duell
fortzusetzen. Er vermochte es nicht. Der Arzt ver=
bindet ihn.

Der Herr Charles Morlot hatte mit würdevoller,
erhabener Ruhe zugehört. So sprach er auch:

Herr Graf, ich danke Ihnen für Ihre Mittheilung.
Daß es so kommen werde, so kommen müsse, ich sah es
vorher, ich war überzeugt davon. Darum fanden Sie
mich auch so ruhig, als Sie hier eintraten. Mein Sohn
verfocht eine gerechte Sache, die Ehre seines Standes,
den Ruhm seiner Kameraden. Er verfocht eine große
Sache. Er ist muthig, tapfer. Jener Franzose mußte
gezüchtigt werden. Er hat seine Züchtigung empfangen.

Dann wurde der Herr Morlot gerührt.

Er wandte sich an seinen Sohn. Er nahm ihn
von dem Mutterherzen. Er umarmte ihn zärtlich.

Komm auch an das Herz Deines Vaters, mein Arthur,
mein edler Sohn. Wie glücklich bin ich! —

Wieder drangen Menschen in den kleinen Saal. Sie
hatten Alle bleiche, verstörte, entstellte Gesichter.

Der Herr James Morlot und seine Frau sind todt.
Man hat ihre Leichen in der See gefunden. Sie haben

sich selbst den Tod gegeben. In diesem Augenblicke kommt die Nachricht hierher.

Bankerott! riefen die, denen die Nachricht gebracht wurde.

Ja, bankerott, riefen die, die sie gebracht hatten.

Fort von hier! riefen sie Alle.

Der Herr Charles Morlot nahm den Arm seiner Frau.

Er war zwar mein Bruder, mein theurer Engel, aber konnte es anders kommen? Wir sahen es immer vorher! Und der Sohn im Zuchthause! Wie glücklich sind wir dagegen, in uns, in unseren prächtigen Kindern.

Die Beiden folgten den Anderen.

Allen folgten die Musikanten mit den Instrumenten, die so lustig zum Tanzen aufgespielt hatten und jetzt stumm waren.

Als sie Alle fort waren, schlich der alte, treue Kut= scher Annus herein. Er glich einer Leiche. Er löschte stumm die Lichter aus, eines nach dem anderen. Wie er vor dem letzten stand, waren ihm die Thränen in die Augen getreten, und er mußte sprechen, er hatte sich etwas zu sagen:

Ob ich ihnen nachgehe? Sie fischen mich dann auch heraus, und sie können uns alle Drei zusammen be= graben.

Nein, Du alter, treuer Annus, sprach eine Stimme hinter ihm.

Edmund Wasar war leise eingetreten.

Nein, Du alter, treuer Diener, sagte der junge Amerikaner. Marie schickt mich zu Dir. Dir mit Deiner treuen Hülfe verdankt sie ihr Leben. Du gehst mit uns. Leben kannst Du noch. Du warst ja immer nur der Warner, der zurückhalten wollte, aber es nicht vermochte. Die arme Frau freilich auch, aber, wo risse das Verbrechen nicht auch arme Opfer mit sich fort? Komm!

———

Der alte Kreisjustizrath saß auf der Kreisjustiz-Kommission zu Memel, zwischen Bergen von Acten in seinem Verhörzimmer.

Ihm gegenüber saß sein Sekretair.

Der Kreisjustizrath sah voll Ingrimm auf die Berge von Acten.

Der Sekretair kaute an seiner Feder.

Herr Kreisjustizrath? sagte der Sekretair.

Was wollen Sie, Herr?

Der Herr Kreisjustizrath wollten mir etwas befehlen.

Ich Ihnen, Herr? Habe ich denn etwas zu befehlen? In diesem Hundeleben, in dem man nur Spitzbuben, Mördern, Räubern, dem Auswurfe der Menschheit angehört?

Herr Kreisjustizrath, befehlen Sie nicht, daß der junge Morlot vorgeführt werde? .

Sie wollen mir Vorschriften machen, Herr? Der Mensch soll warten.

Der Brandstifter Lauszat denn? Er sitzt schon seit drei Tagen.

Mag er noch drei Wochen sitzen.

Der Dieb Toms Kurszat ist freilich erst heute Nacht wieder eingeliefert —

Was? Was? Der alte Dieb? Lassen Sie ihn vorführen; der Mensch hat mich gestern geärgert.

Der Sekretair hatte, wenigstens theilweise, seinen Zweck erreicht.

Toms Kurszat, der alte litthauische Dieb, wurde vorgeführt.

He, he, Toms Kurszat, da bist Du ja schon wieder.

Ja, Herrchen, liebes.

Und jetzt wirst Du lebenslang bekommen.

Warum gerade jetzt, Herr?

Weil Du aus der Haft entwichen bist.

Darf denn der Mensch sich nicht seine Freiheit suchen, Herr Kreisjustizrath?

Andere Menschen wohl, aber Diebe und Betrüger nach unseren Gesetzen nicht.

Gegen solche Gesetze hatte der Dieb nichts zu erwidern.

Aber er hatte etwas Anderes auf dem Herzen.

Herr Kreisjuſtizrath, man hat mir mein Geld abge=
nommen.

Wer hat es Dir abgenommen?

Deine Beamten hier, als ich eingeliefert wurde. Es
waren zwei große, ſchöne, blanke Goldſtücke.

He, Burſch, wo hatteſt Du das Geld geſtohlen?

Ich habe es ehrlich verdient.

Hm, und die Beamten haben es Dir mit Recht ab=
genommen.

Und ich bekomme es nicht wieder?

Es wird nach den Geſetzen auf die Koſten der Un=
terſuchung verrechnet.

Gegen ſolche Geſetze empörte ſich doch der Dieb.
Er gerieth in heftigen Zorn.

Da ſoll denn doch — Herr Kreisjuſtizrath —! Da
hört alle Ehrlichkeit auf! Und wenn ich mein Geld nicht
zurückbekomme, dann habe ich gar kein Geld bekommen,
dann bin ich auch an mein Verſprechen nicht gebunden,
dann kann ich, und dann will ich Alles herausſagen,
was ich weiß.

He, Burſch, was ſchwätzeſt Du da?

Du wollteſt wiſſen, Herr, von wem ich das Geld
habe? Es iſt von der Frau des alten, reichen Morlot
hier. Die hat es mir gegeben, daß ich ſchweigen ſolle
über das, was vor zwanzig Jahren da hinten am

Waſſer bei Schwarzort paſſirt iſt, — ja, ja, ich war
dabei —

Der alte Kreisjuſtizrath war aufgeſtanden. Er trat
dicht vor den Dieb, ruhig, und mit ruhigem, aber ſtren=
gem und durchbohrendem Blick.

Toms Kurſzat, ſagte er ebenſo ruhig und feſt, der
alte Morlot und ſeine Frau ſind todt, und morgen ruhen
ihre Leiber im Grabe. Sprichſt Du aber zu mir oder
irgend einem Menſchen ein einziges Wort, das ihre
Grabesruhe ſtören könnte, ſo laſſe ich Dich krumm in
Eiſen ſchließen. Gehe jetzt.

Ich werde ſchweigen, Herr.

Der Dieb wurde abgeführt.

Der Herr Morlot! befahl der Kreisjuſtizrath.

Robert Morlot wurde hereingeführt.

Er war blaß, niedergeſchlagen. Er ſuchte ſich auf=
zurichten.

Sie ſind frei, ſagte der Kreisjuſtizrath zu ihm. Sie
können gehen.

Der junge Mann war überraſcht.

Mein Vater hat die Klage gegen mich zurückge=
nommen?

Nicht Ihr Vater, aber ſein Tod.

Wie?

Ihre beide Eltern ſind todt. Ihre Leichen ſind in
der See gefunden.

Robert Morlot verhüllte sein Gesicht. Er sank zusammen.

Der alte Kreisjustizrath sprach dennoch mit eiserner Strenge zu ihm:

Ein schweres, furchtbares Unglück bewahrt Sie diesmal vor der Strafe des Gesetzes. Möge es Sie fortan vor jeder bösen That befreien. Gehen Sie, begraben Sie Ihre Eltern.

Robert Morlot schwankte aus dem Verhörzimmer.

Der Brandstifter werde vorgeführt, befahl der Kreisjustizrath.

————

In der großen Kajüte des schönen Dampfschiffes des Amerikaners Edmund Wasar saßen zwei Paare beisammen.

Sie waren in tiefer Trauer, und wahrlich nicht blos äußerlich.

In ihren Herzen lebte dennoch ein stiller Friede, und wo der Friede lebt, da kehrt ja so gern und so leicht auch bald das Glück wieder ein, selbst wenn der Tod es sein sollte, der es vertrieben hatte. Die Todten, die wir begraben haben — wir wissen ja, daß sie das, was sie hier auf der Erde so sehnlich und so vergeblich suchten, daß sie die Ruhe, den Frieden, den ewigen, stillen Frieden da oben gefunden haben.

So saßen sie still und innig zusammen, Robert Morlot und Marie, Marie Wasar, wie sie jetzt hieß, und Edmund Wasar und Anna Brinkmann.

Ein anderer, stiller und schon alter Mann trat in die Kajüte.

Der nordamerikanische Consul kommt soeben an Bord, meldete der alte Annus.

Führe ihn herein, Annus.

Der ehrenwerthe Master Cokburn trat ein.

Auch er war still, und gemessener, denn je.

Den Schmerz kann ja wohl auch ein amerikanischer Consul ehren. Er vergiebt sich nichts dadurch.

Sie haben doch die beiden Contracte mitgebracht, Master Cokburn?

So hatten Sie es ja gewünscht, Master Wasar. Für Sie und Miß Anna Brinkmann, und für Master Morlot und Miß Maria Wasar.

Und wir können sogleich zur Trauung schreiten?

Es bedarf nur der Unterschriften der beiden Paare und der Zuziehung von Zeugen.

Ah, Zeugen sollen der alte Annus und alle meine Matrosen sein.

Edmund Wasar öffnete die Thür der Kajüte.

Der alte Annus stand noch davor.

Tritt herein, alter Annus.

Herein, Ihr Matrosen Alle! rief er dann laut in das Schiff hinein.

Sie kamen Alle herbei.

Ihr sollt Zeugen meiner Trauung sein.

Hurrah! hätten sie gern gerufen.

Auch sie ehrten den Schmerz.

Die doppelte Trauung wurde vollzogen.

Master Cokburn verabschiedete sich, um nach Memel zurückzukehren. Bevor er in das Boot stieg, nahm er seinen jungen amerikanischen Landsmann auf die Seite.

Sir, hier überreiche ich Ihnen die Quittungen über die bezahlten Schulden des Herrn James Morlot.

Ich danke Ihnen, Sir. Ist Alles bezahlt?

Alles, Sir, bis auf den letzten Cent.

Master Cokburn stieg in sein Boot.

Die Anker gelichtet! rief Edmund Wasar.

Die Anker wurden gelichtet. Das Dampfschiff brauste dahin.

———

Wir sind am Ende unserer wahrhaften Geschichte.

Oder wovon sollten wir noch berichten?

Von dem schönen Fräulein Melanie, daß sie Frau Gräfin Wildberg wurde? Sie war wohl eine Gräfin geworden, aber sie durfte nie an den Hof.

Oder von dem Herrn Arthur Morlot, daß er einsah, er passe doch eigentlich nicht für die Garde, die Sache

könne doch einmal gefährlich werden, und dann —? Er
sah das ein, und er ist, wenn wir nicht irren, ein be-
rühmter — Gesandtschaftssekretair geworden.

Von der baaren, nackten Gemeinheit konnten wir
keinen Augenblick länger Notiz nehmen, als es für die
Erzählung unserer Geschichte unumgänglich nothwendig
war. Daher von einem Adalbert Morlot kein Wort
weiter.

Und so nur noch Eines:

Zwei Jahre nach dem Tode der beiden alten Mor-
lots starb auch der alte Brinkmann. Das Licht der
Vernunft war nicht zu ihm zurückgekehrt. Seine Tochter
Regine hatte ihn bis an sein Ende treu gepflegt.

Einige Monate später, als die Bäume zu knospen
begannen, erschien eines Tages an dem Schapenwalle
ein amerikanisches Schiff. Es nahm die treue Pflegerin
mit ihrem Kinde auf, um sie über den Ocean zu den
dort lebenden glücklichen Ihrigen zu bringen.